LA SCIENCE

DE

LA LÉGISLATION,

Par M. le Chevalier GAETANO FILANGIERI,
Conseiller d'Etat au département des Finances
de Naples.

*Ouvrage traduit de l'Italien, d'après l'édition
de Naples, de 1784.*

TOME CINQUIEME.

A PARIS.

Chez CUCHET, rue & Hôtel Serpente.

M. DCC. LXXXVIII.

Avec Approbation & Privilége du Roi.

Οὐκ ἐϛιν ὐδεν κρειττον ἢ νομοι πολει καλως τιθεντες.

Nihil est civitati præstantius, quam leges rectè positæ. Eurip. in Supplicib.

LA SCIENCE

DE LA
LÉGISLATION,

LIVRE TROISIEME.

CONTINUATION DE LA IIᵉ. PARTIE.

Des délits & des peines.

CHAPITRE XXI.

SECONDE CLASSE.

DES DÉLITS CONTRE LE SOUVERAIN.

Des lois anciennes & modernes sur cet objet.

La corruption du Gouvernement de
Rome; la combinaison monstrueuse des

Tome V.   A

maximes anciennes de la République
avec les principes du despotisme ; les
soupçons & l'effroi des tyrans ; la lutte
perpétuelle de l'amour du pouvoir
qui dictoit les lois, & de la haîne de
la dépendance qui animoit toujours
quelques dignes concitoyens de Brutus ;
le passage rapide de l'autorité dans une
foule de mains ou féroces, ou foibles,
ou vertueuses ; toutes ces causes concourent à produire, dans cette partie
de la Législation romaine, relative aux
délits de lèze-majesté, les contradictions & les injustices qu'ont malheureusement adoptées la plupart des
codes criminels de l'Europe, en y ajou-
tant même de nouvelles atrocités.

Tant que la liberté politique sou-
tint, à Rome, la liberté civile, la
classe des délits de lèze-majesté y fut
restreinte dans ses bornes naturelles. Le
véritable traître, l'homme coupable de
ce crime, que la loi de Romulus
dévouoit aux furies infernales, & que
chacun pouvoit tuer impunément,

c'étoit celui qui avoit trahi la patrie (1).

Quelques fragmens des lois des douze Tables, les lois *Gabinia*, *Appulea*, *Varia*, montrent quels étoient les délits qui, jusqu'à la dictature de Sylla, furent compris dans cette classe. Susciter des ennemis à la République, ou livrer un citoyen aux ennemis (2) ; troubler la sûreté publique par des assemblées nocturnes (3) ou par des liaisons clandesti-

---

(1) Cette loi est rapportée par Denis d'Halicarnasse, liv. 2, pag. 84.

(2) *Legem* 12 *Tabularum jussisse*, dit le Jurisconsulte Marcien, *eum qui hostem concitasset, quique civem hosti tradidisset, capite puniri. Leg. 3, ff. ad leg. Jul. majest.*

(3) Portius-Latro, *in declamat. advers. Catilin. c. 19*, nous a conservé cette autre disposition des lois des 12 Tables. *Primum* 12 *Tabulis cautum esse cognoscimus, ne quis in urbe cœtus nocturnos agitaret, &c.* Flavius-Ursinus, dans les commentaires sur le livre d'Antoine-Augustin, *de legibus & Senatusconsultis*, a rapporté le texte de cette loi des 12 Tables. *Queï calim. endo. urbe. nox. coït. coïverit. Kapital. estod.*

A 2

nes (1) ; exciter des séditions parmi les citoyens (2) , ou engager les alliés à s'armer contre la patrie (3) : tels furent les délits de lèze majesté jusqu'au temps de Sylla.

Ce monstre , qui ne put mettre la couronne sur sa tête, mais qui détruisit la liberté , & jeta les fondemens du despotisme , sans avoir la force ou le talent d'achever son ouvrage ; qui sema les germes de la tyrannie , sans en recueillir les fruits ; qui combattit deux fois contre

---

(1) Portius-Latro rapporte encore la disposition de la loi *Gabinia. Deindè lege Gabinia promulgatum , qui coïtiones ullas clandestinas in urbe conflavisset , more majorum capitali supplicio mulctaretur.* (*ibidem.*)

(2) Cette loi porte le nom d'Apuleus , Tribun du peuple l'an de Rome 651. Cicéron en parle , *de Orat. lib.* 2 , *cap.* 49. Sigonius croit qu'on établit par cette loi la *question perpétuelle* des délits de lèze majesté. Voyez *Sigonius de judiciis* , *lib.* 2 , *cap.* 29.

(3) Cette loi porte le nom de Varius , Tribun du peuple , parce qu'elle fut établie pendant son tribunat. Voyez Valère-Maxime , *lib.* 3 , *cap.* 7 , *n.* 8 ; *lib.* 8 *cap.* 6 , *n.* 4 ; & *Asconius , in orat. pro Scauro , pag.* 171.

fes concitoyens , conquit deux fois fa patrie , & finit par abdiquer la dictature ; Sylla recula le premier les bornes de cette claffe de délits. La fameufe loi qui porte fon nom (1) fut la première atteinte qu'on eût encore portée à la liberté civile. Dans le nombre des délits qu'il comprit dans cette claffe , il en eft quelques-uns qui feuls indiqueroient l'objet infidieux de la loi, fi l'impunité accordée aux calomniateurs ne l'atteftoit pas avec évidence. Défobéir aux ordres du Magiftrat, ou s'oppofer à l'exercice de fes fonctions ; conduire une armée hors de la Province fans l'ordre du Sénat ; entreprendre une guerre de fa propre autorité ; féduire les troupes ; pardonner aux chefs des ennemis pris à la guerre, ou leur rendre leur liberté pour de l'argent ; accorder l'impunité à un chef de voleurs qu'on avoit faifi ; entretenir des liaifons d'amitié avec un Roi étranger, lorfqu'on étoit citoyen romain ; ne pas faire refpecter l'autorité du peuple dans l'exercice de

____

(1) *Cornelia.*

quelque charge : tels font les nouveaux délits de lèze-majefté compris dans cette loi (1).

Il fuffit de réfléchir à l'étendue arbitraire qu'il étoit poffible de donner au premier & au dernier de ces articles, pour voir qu'une grande partie des délits ordinaires, que non feulement les délits les plus légers, mais qu'une fimple négligence, un accident même pouvoient être

---

(1) *Prætor qui ex hac lege quæret, de eo quærito, qui interceffionem fuftulerit, aut Magiftratui, quominus munere fuo fungatur, impedimento fuerit. Qui exercitum è provinciâ eduxerit, aut fuâ fponte bellum gefferit. Qui exercitum follicitaverit. Qui ducibus hoftium captis ignoverit, aut pecuniâ liberarit. Qui ducibus prædonum ignoverit. Qui poteftatem fuam in adminiftrando non defenderit. Qui civis Romanus apud regem externum verfatus fuerit. Mulieris teftimonium accipiatur. Calumniatoribus nulla pæna fit; his damnatis pæna aquæ & ignis interdictio fit.* Ces articles de la loi Cornelia font épars dans les ouvrages des auteurs anciens, & entre autres, dans la Harangue de Cicéron, *in Pifonem*, & *pro Cluentio;* dans la troifième Verrine d'Afconius, dans la Vie de Claude, par Suétone, &c. Sigonius a recueilli tous ces articles dans fon ouvrage de *judiciis, lib. 2, cap. 29.*

transformés en délits de leze - majeſté. Que l'on ajoute à cela l'impunité accordée aux calomniateurs & la peine établie contre les coupables (1), & l'on ſera convaincu que l'unique objet de cette loi étoit d'aſſurer, d'une manière immuable, les proſcriptions de la tyrannie.

Le deſpotiſme n'arrive pas tout d'un coup à ſa perfection, mais ſes progrès ſont extrêmement rapides. La loi de Sylla fut confirmée par Céſar ; Auguſte lui donna plus d'étendue, & Tibère la porta juſqu'à l'excès de la barbarie. Le premier des Céſars ne fit que ſupprimer l'appel au peuple des décrets du Préteur, chargé de la *queſtion de maieſté* (2). Sylla n'avoit pu attaquer ainſi la liberté civile ; il s'étoit contenté d'en

---

(1) On a vu dans la note précédente que cette peine étoit l'interdiction de l'eau & du feu.

(2) Cicéron, parlant de la loi Julia, appelée de ce nom parce que Jules - Céſar l'établit pendant ſa dictature, dit qu'il avoit privé de l'appel au peuple les accuſés *de vi & majeſtate damnatis*. Le paſſage de Cicéron peut même faire croire que cette innovation eût été faite par Antoine, Conſul après la mort de Céſar. Voyez *Cicer. Philipp.* 1 , c. 9.

préparer les moyens. Augufte fit plus:
il renouvela toutes les anciennes lois
contre les délits de lèze-majefté, il aug-
menta la févérité des peines, & créa
de nouveaux délits. Les Jurifconfultes
Ulpien, Marcien, Scévola, Vénuleus,
Modeftin, Papinien, Hermogenien (1)
nous ont confervé les divers articles de
cette loi célèbre qu'il feroit trop long de
rapporter ici. Il fuffira de favoir qu'on
étoit coupable de lèze-majefté lorfque
l'on vendoit ou fondoit des ftatues de
l'Empereur confacrées, & que l'on commettoit la moindre infulte contre fes
images. Les écrits appelés *Libelli famofi*
furent encore compris dans cette claffe (2),

______

(1) *Leg. 1, 2 & 11, ff. ad leg. Jul. majeft.; leg.
3 & 5, leg. 4, leg. 6, leg. 7, leg. 8, leg. 9 & 10, eod.*

(2) *Primus Auguftus cognitionem de famofis libellis fpecie legis de majeftate traɧavit. Tacit. annal.
lib. 1.* De ce genre d'écrits, on paffa bientôt à ceux
où l'Ecrivain s'étoit quelquefois abandonné à toute
la vérité de fes fentimens. Cordus fut accufé comme
coupable de lèze-majefté, pour avoir, dans fes annales,
appelé Caffius le dernier des Romains.

& l'Auteur fatirique fut puni comme un rebelle & un parricide. Sylla avoit accordé aux calomniateurs l'impunité légale. Augufte, non content de cette exception, y en ajouta une autre, par laquelle il étoit permis à l'efclave d'accufer fon patron, & à l'affranchi, celui qui lui avoit rendu la liberté (1) : il voulut de plus que les efclaves de ceux qui étoient accufés de lèze-majefté fuffent vendus au public, & qu'on les admît à dépofer contre leurs anciens maîtres. Il fe fervit de ce moyen pour éluder l'ancienne loi qui défendoit aux efclaves de rendre témoignage contre leurs maîtres; loi bien favorable à la paix des familles & à la liberté civile (2). Le refpect d'Augufte pour une conftitution libre qu'il avoit lui-même attaquée, étoit tour à tour

____

(1) *Cit. leg.* 7, *ff. ad leg. Jul. majeft.*

(2) L'Empereur Tacite abolit cette féroce inftitution d'Augufte; mais on peut préfumer que fa loi eut peu de durée, puifque nous ne la trouvons pas indiquée dans la collection de Juftinien. Voyez *Flavius Vopifcus, in vitâ Taciti, c. 9.*

inspiré & détruit par la crainte. Le funeste souvenir de la mort de César, & la vénération que l'on conservoit à Rome pour la mémoire de Brutus, ne lui permettoient, ni de violer ouvertement, ni de respecter, d'une manière absolue, les anciennes maximes de la République sur cet objet. Tibère fut plus hardi, parce qu'il trouva les Romains façonnés au joug que Sylla, César, & Auguste leur avoient imposé, & qu'une habitude de plusieurs années avoit rendu moins pesant. Il n'eut pas besoin d'abolir la loi d'Auguste & de faire une nouvelle loi de majesté, pour parvenir aux excès qu'il vouloit se permettre; il lui suffit de donner aux articles de la loi Julia l'extension dont ils étoient susceptibles. En effet, il appliqua par ce moyen le nom de délit de lèze-majesté aux paroles, aux signes, aux imprécations, aux actions même les plus indifférentes. Plusieurs citoyens se trouvèrent coupables de ce délit, pour avoir battu un esclave devant une statue d'Auguste, pour avoir changé de vêtemens devant ce simulacre, pour avoir porté une monnoie, un anneau, couverts de son effigie, dans des lieux sales ou des maisons de débauche (1). Le Magistrat d'une colonie expia, par toute la rigueur des peines établies contre ce délit, la petite vanité d'avoir permis qu'on lui rendît quelques honneurs, le même jour que le Sénat en avoit accordé à Auguste (2).

Une réflexion échappée à l'abandon de l'amitié, un soupir, une larme versée sur la patrie étoient des crimes de lèze-majesté qu'on expioit par l'exil ou la déportation (3). Rien n'est plus affreux que la peinture que Tacite nous a laissée de toutes ces atrocités ; on n'a qu'à lire les lignes énergiques qu'il a tracées sur ce sujet, & l'on verra qu'il étoit impossible

---

(1) *Hoc genus calumniæ eò processit, ut hæc quoque capitalia essent, circà Augusti simulacrum servum cecidisse, vestem mutasse, nummo vel annulo effigiem impressam latrinæ aut lupanari intulisse.* Voyez Suétone, *in Tiber. cap.* 58.

(2) *Sueton. ibid.*

(3) *Sueton. ibid.; & Tacit. annal. lib.* 1.

à l'homme le plus difcret & le plus ré-
fervé, de fe garantir de ces fortes d'accufations (1).

Ce tableau rapide des lois de majefté
qui furent fucceffivement établies à Rome
par Sylla & les premiers Céfars, fuffira,
je l'efpère, pour montrer combien eft
impure la fource où la plupart des Nations de l'Europe ont puifé leurs lois fur
cette efpèce de crime.

Mais qui le croiroit ? ces principes
déteftables ont acquis encore un nouveau
degré d'atrocité en paffant dans nos Monarchies modernes. La conftitution de

---

(1) Cet Hiftorien, parlant de l'accufation formée par Hifpon contre Marellus dans le tribunal de majefté, parce que celui-ci avoit tenu des propos injurieux fur la perfonne de Tibère, ajoute : *Inevitabile crimen, quum ex moribus Principis fædiffima quæque deligeret accufator, objectaretque reo ; nam quia vera erant, etiam dicta credebantur. Tacit. annal. lib.* 1. Trajan fut bien éloigné de s'abandonner aux tranfports de cette fureur timide ; il ne permit jamais que l'on fît des recherches contre fes détracteurs. *Quafi contentus effet magnitudine fuâ, quâ nulli magis caruerunt, quam qui fibi majeftatem vindicarent. Vid. Plin. in Panegyric. Trajan.*

l'Europe, que l'on croit la plus libre, mais dont nous avons montré ailleurs tous les vices (1), a, dans cette partie de la Jurifprudence, des lois plus injuftes, plus barbares que n'en produifit jamais à Rome la tyrannie au moment de fa naiffance.

Je ne parlerai pas du ftatut de Richard II, qui déclaroit coupable de haute trahifon celui qui auroit la fimple intention de tuer ou de détrôner le Roi, quand même ce deffein ne feroit indiqué par aucun acte. Je ne rapporterai pas toutes les autres lois de majefté faites fous le règne malheureux de ce Prince, qui éprouva lui-même combien les lois cruelles font impuiffantes pour prévenir les délits (2). Je ne citerai pas les ftatuts faits fur cet objet dans le funefte période du Gouvernement Britannique, qui commence après le règne d'Henri IV, & finit à celui de Marie. Je pafferai fous

____

(1) Tome 1, livre 1, chapitre 11.

(2) Il fut dépofé, & enfuite tué après vingt ans de règne.

silence tout ce qui arriva fous le règne fanguinaire d'Henri VIII, qui, digne émule d'Augufte & de Tibère, rendant le Parlement complice de fes attentats & miniftre de fa férocité, multiplia à un tel point le nombre des crimes de haute trahifon, que l'enlèvement d'un troupeau dans le pays de Galles, des réflexions fecrètes fur la légitimité de fon mariage avec Anne de Clèves, ou contre fa *fuprématie*, une prophétie fur fa mort, le filence d'une jeune perfonne qui, par pudeur & par timidité, avoit accepté la main du Roi fans l'avertir qu'elle avoit eu le malheur de perdre fa virginité, furent, ainfi que beaucoup d'autres faits de même nature, compris dans cette claffe de délits de lèze-majefté (1). Je ne parlerai pas de toutes les lois de ces temps de trouble & de tyrannie; & je me contenterai de fixer l'attention du lecteur fur celles qui exiftent maintenant en Angleterre, malgré les progrès qu'elle a faits vers la liberté, &

____

(1) Blackftone, code criminel, chap. 6.

les changemens utiles qu'a éprouvés fa
Légiſlation.

Eſt-il concevable que dans le dix-
huitième fiècle, chez le peuple de l'Europe qui a la plus grande idée de fa
liberté, on voye fubfiſter encore les loix
qui déclarent coupable de *haute trahiſon*
celui qui foutiendra la juridiction du
Pape (1), qui demeurera trois jours en
Angleterre fans fe conformer au culte
de l'églife Anglicane, s'il eſt Prêtre pa-
piſte & fujet de la grande Bretagne (2);
qui ceſſera de reconnoître la fuprématie
du Roi, & fe réconciliera avec le fiège
Apoſtolique, ou engagera quelqu'un à
ce changement (3); qui fabriquera ou
diſtribuera de fauſſes monnoies; qui
contrefera le fceau ou la fignature du
Roi (4); qui fabriquera, vendra, ache-
tera, ou gardera des inſtrumens propres

---

(1) Statut 5 d'Elifabeth, chap. 1.
(2) Statut 27 d'Elifabeth, chap. 2.
(3) Statut 3 de Jacques I, chap. 4.
(4) Statut 2 de Marie, chap. 6.

au monnoyage, ou les fera venir du lieu
où ils font employés par l'autorité publique (1); qui altérera la valeur des monnoies, ou en les limant (2), ou en donnant aux pièces d'argent la couleur de
l'or, & à celles de cuivre la couleur de
l'argent (3); qui foutiendra dans quelque
écrit public que le Roi, même d'accord
avec le Parlement, n'a pas le droit de
difpofer de la fucceffion au trône (4);
qui rendra quelque fervice au Prétendant
ou à l'un de fes fils, même fans l'intention de faire remonter cette famille fur
le trône (5)? Eft-il concevable que dans

---

(1) Statut 8 & 9 de Guillaume III, chap. 26, con-
firmé par le ftatut 7 de la Reine Anne, chap. 25.

(2) Statut 5 d'Elifabeth, chap. 11.

(3) Statuts 15 & 16 de George II, chap. 28. Toutes
ces lois, qui déclarent haute trahifon les délits relatifs
à la fabrication des monnoies, font tirées de l'abfurde
loi de Conftantin.

(4) Statut 13 d'Elifabeth, chap. 1. Blackftone dit
qu'après la mort de cette Reine, ce délit fut appelé une
haute inconduite, puniffable par la confifcation des
biens.

(5) Statuts 13 & 14 de Guillaume III, chap. 3.

ce

ce siècle & dans la Grande-Bretagne de tels délits soient appelés par les lois du nom de *haute trahison*, & qu'ils soient confondus avec le parricide, avec l'assassinat du Roi, avec la véritable rebellion ? Est-il concevable enfin que l'auguste Corps, qui, chez cette Nation, fait les lois & représente la souveraineté, laisse subsister l'absurde & abominable loi qui, dans tous les cas, si multipliés dans la Législation britannique sous le titre de *petite trahison*, donne au Prince le droit le plus affreux ? Les coupables seront condamnés à la mort, dit la loi, & le Roi possédera leurs biens pendant un an & un jour : il peut même y commettre tous les désordres qu'il lui plaît ; c'est ce que l'on nomme l'*an*, *le jour*, *& le dégât du Roi*.

Qui croiroit qu'un pays où l'on détrône les Rois, où l'on fait si souvent trembler les Ministres, offre dans ses lois de tels caractères de despotisme ? Quelle sera donc la Législation des autres peuples sur cet objet ? Ah ! qu'il nous soit permis de soulever un mo-

Tome V.   **B**

ment le voile qui couvre cette partie
des codes criminels de l'Europe ; nous
nous confirmerons dans la funeste opinion, que si la tyrannie ne s'assied plus
sur nos trônes, elle existe encore, elle
respire dans nos lois.

Quelle loi de Sylla, d'Auguste & de
Tibère peut-on comparer à celles qui
existent chez la plupart des peuples de
l'Europe ? Lequel de ces tyrans a jamais
permis que dans les délits de majesté le
fils accusât son père, & le père son fils ?
Auguste, il est vrai, accorda ce droit à
l'infame, à l'esclave contre son maître,
à l'affranchi contre celui qui lui avoit
rendu la liberté (1) ; mais il n'osa pas
l'accorder aux fils contre leurs pères, aux
pères contre leurs fils. Il troubla l'ordre
civil & l'ordre domestique ; mais il ne
viola pas les lois du sang, les lois de la
nature. Trajan laissa tomber en désuétude
l'inique disposition d'Auguste (2) ; &

----

(1) *Leg.* 7, *ff. ad leg. Jul. majest.*

(2) *Reddita est amicis fides, liberis pietas, obse-
quium servis. Verentur, & parent, & dominos habent.*

nous, non seulement nous l'avons adoptée, mais nous lui avons donné une plus grande étendue. Quelle loi de Sylla, d'Auguste, & de Tibère établit, comme une règle générale, que dans les délits de lèze-majesté on peut s'écarter de toutes les règles du droit (1)? Sous le règne de Tibère, sous celui du féroce Domitien, qui multiplièrent le plus les jugemens de

Non enim servi Principis nostri amici, sed nos sumus, nec pater patriæ alienis se mancipiis cariorem, quam civibus suis credit. Omnes accusatore domestico liberasti, unoque salutis publicæ signo, illud, ut sic dixerim, servile bellum sustulisti; in quo non minus servis, quam dominis præstitisti: Hos enim securos, illos bonos fecisti. Non vis cæterea laudari; nec fortasse laudanda sint, grata sunt tamen recordantibus Principem illum, in capita dominorum servos subornantem, monstrantemque crimina, quæ tamquam delata puniret, magnum & inevitabile, ac toties cuique experiendum malum, quoties quisque similes Principi servos haberet. (Plinius, in Panegyric. Trajan.)

(1) *Constit. ad reprimendum in extravag. tit. Quomod. in læs. maj. crim. proced.* Cette constitution est de l'Empereur Henri VII; & de l'Allemagne, elle s'est malheureusement répandue dans presque tous les tribunaux de l'Europe.

majefté, on n'ofa pas établir une règle fi abfurde, fi tyrannique (1). Il eft vrai que des Juges corrompus & cruels, fous prétexte de venger la majefté du peuple romain, violée dans la perfonne de fon premier Magiftrat, immoloient une quantité prodigieufe de malheureux aux foupçons & aux vengeances du tyran; il eft vrai que, pour favorifer ce projet atroce, on avoit transféré au Sénat la connoiffance de ces délits, qui, jufqu'au temps de Tibère, avoient été jugés par le peuple dans les grands Comices. Mais du moins c'étoit avec le glaive de la loi qu'on égorgeoit les victimes ; la forme extérieure des jugemens étoit refpectée ; l'accufé étoit défendu; la publicité des opérations judiciaires, qui protégeoit l'innocence, étoit encore en vigueur; & lorfque, malgré tous ces fecours, l'honnête homme fuccomboit, c'étoit par la perverfité des hommes, non par celle des lois.

Trouve-t-on dans les codes de ces

____

(1) *Tacit. ann. lib.* 3*; Sueton. in Domitian. & Plin. in panegyr.*

monſtres couronnés une loi pareille à celle qui, en France, ordonne aux Magiſtrats d'entendre, dans les cas de lèze-majeſté, les témoins mêmes qui ſont notoirement ennemis déclarés de l'accuſé ? Sylla, comme on l'a vu, admit dans ces jugemens les témoignages des femmes (1); Auguſte, ceux des eſclaves contre leurs maîtres ; & pour éluder l'ancienne loi, il les faiſoit vendre publiquement, avant de les faire dépoſer (2) : mais ni l'un ni l'autre, ni aucun de leurs ſucceſſeurs n'étendit cette exception juſqu'aux ennemis de l'accuſé.

Ni les uns ni les autres n'eurent la féroce impudence d'établir la maxime ſuivante, qui forme un des principes de la Juriſprudence françoiſe, & qui a été miſe en pratique plus d'une fois. « Dans les cas de lèze-majeſté, la volonté de commettre le délit, quoiqu'elle ne

---

(1) Voyez la loi Cornélia, dite de majeſté, rapportée ci-deſſus note 1, page 6.

(2) Voyez ce que j'ai dit ci-deſſus ſur ce ſujet.

foit fuivie d'aucun acte, & qu'on la manifefte lorfqu'elle n'exifte plus, fera puniffable, comme l'eût été le délit abfolument confommé (1) ». Augufte, comme

____

(1) Voyez Domat. fupplément au Droit public, liv.
3, tit. 2, art. 5. Je citerai ici deux circonftances où
cette maxime a reçu fon application. Un Gentilhomme,
au lit de la mort, fe confeffa d'avoir eu, à une certaine
époque de fa vie, la penfée de tuer le Roi Henri III :
le Confeffeur en donna avis au Procureur général. Le
malheureux, étant réchappé, fut, fur fa confeffion,
condamné à mort, & exécuté aux Halles à Paris. Un
Vicaire de Saint-Nicolas des Champs, dans la même
ville, fut pendu, par arrêt du 11 janvier 1595, pour
avoir dit qu'il fe trouveroit encore quelque homme de
bien, comme frère Jacques-Clément, pour tuer le Roi
Henri IV; & qu'au défaut de tout autre, il le feroit
lui-même. (Voy. Bouchel. biblioth. du Droit françois,
au mot *lèze-majefté.*) Les Jurifconfultes françois pré-
tendent juftifier cette loi en alléguant celle du Droit
romain, qui porte : *Eâdem feveritate voluntatem
fceleris, quâ effeɕum in reos læfæ majeflatis jura
puniri voluerunt, leg. 5, cod. ad leg. Jul. majeft.*
Mais ils font dans l'erreur; car la loi entend ici par les
mots *voluntatem fceleris,* non une fimple penfée, mais
l'intention fuivie de l'acte, & non entièrement exécutée.
Une autre loi dit expreffément : *Cogitationis pœnam
nemo patitur.* Cette contradiction étoit trop fenfible
pour ne pas frapper Tribonien lui-même.

on l'a dit, avoit mis les écrits dans la claſſe des délits de majeſté. Tibère y ajouta les paroles & les ſimples ſignes ; mais il étoit réſervé à la Juriſprudence moderne d'un peuple qui ſe croit le plus humain, le plus ſenſible de tous, d'y placer les penſées & les déſirs. Le tyran de Syracuſe, qui puniſſoit un ſonge comme un ſigne de penſée (1), auroit-il pu prévoir que, dans la poſtérité la plus reculée, chez un peuple diſtingué par l'aménité de ſes mœurs, on ſuivroit ſon exemple ? Mais ce ne ſont pas là toutes les horreurs de la Juriſprudence moderne. Le code Victo-rin (2), l'ordonnance de Louis XI inſérée dans le code d'Henri III (3), les nou-velles conſtitutions du Sénat de Milan (4), en un mot, les lois de la plus grande partie de l'Europe (5) déclarent coupa-

---

(1) Plutarque. Vie de Denys.

(2) Voyez ce code, liv. 4, chap. 7, art. 5.

(3) Ordonnance du 22 décembre 1477.

(4) *Conſtitutiones novæ Senatûs Mediolanenſis, lib. 4, tit. de crimin. læſæ majeſt.*

(5) Voyez *Farinacius, tom. 1, opp. 1, quæſt. 1, p. 69 & 72 ; Julius-Clarus, lib. 5, ſententiarum §.*

bles du même délit l'auteur & le complice d'une conjuration, & celui qui, en
étant inftruit, n'en donne pas avis au
Gouvernement. Tous les efforts que ce
dernier aura pu faire pour la prévenir ou
pour en éloigner les coupables, ne
fuffiront pas pour le mettre à l'abri de la
peine; & l'homme qui n'a pas eu le criminel courage de trahir les fecrets de la
tendreffe & de la confiance; qui n'a pas
ofé immoler à la patrie fon ami, fon
parent; qui a refpecté les lois de l'opinion qui l'euffent condamné à une infamie éternelle; un tel homme, fût-il le
plus grand, le plus vertueux de fes concitoyens, fera confondu avec le dernier

---

læfæ majeftatis crimen, & les autres Jurifconfultes.
Godefroi dit que cette opinion eft celle de la plus
grande partie des Docteurs, & cette opinion a tenu lieu
de loi chez beaucoup de Nations. *Qui nudam factionis
notitiam habet citrà participatæ factionis crimen
(de quo aliæ funt leges), certé in proprio perduellio-
nis crimine capitali, & hunc confcium, pæna puniri
frequentior fchola recte fcifcit. V. Jacob. Gothofred.
ad leg. quifquis, cod. ad leg. majefl.*

des scélérats, & dévoué au même supplice (1). Cette loi, qui a été modifiée

---

(1) L'Histoire de France offre un exemple terrible de
l'iniquité de cette loi. François-Auguste de Thou, Conseiller d'Etat, fils d'un des meilleurs Historiens que
l'Europe ait eus, finit ses jours sur un échafaud, pour
n'avoir pas révélé la conspiration tramée par Monsieur,
frère unique de Louis XIII, le Duc de Bouillon, &
Henri d'Effiat, Marquis de Cinq-Mars, grand Ecuyer
de France. L'objet de la conspiration n'étoit pas de faire
monter sur le trône de France un Souverain étranger, ou
d'ôter la vie à Louis XIII. Monsieur ne voyoit
entre le trône & lui qu'un frère mourant, & deux enfans
au berceau : il étoit l'héritier présomptif du trône, ou
du moins d'une longue administration. La conspiration,
si l'on peut appeler de ce nom une intrigue de Cour, ne
tendoit qu'à arrêter le despotisme & l'ambition du Car-
dinal de Richelieu. De Thou avoit cherché, par tous
les moyens possibles, à détourner son ami Cinq-Mars
de son projet ; il étoit bien éloigné d'y prendre aucune part. Son innocence fut constatée de la manière la
plus évidente ; mais parce qu'il n'avoit pas découvert la
conspiration, qu'il n'avoit pas trahi son ami, qu'il
n'avoit pas abusé de sa confiance, il fut déclaré coupable
de lèze-majesté, & on vit périr sous la main du bourreau
un homme que toute la Nation regardoit comme innocent. (Voyez l'histoire de ce procès à la fin du quin-
zième volume de la traduction de l'Histoire générale du
Président de Thou.)

dans le code d'Angleterre (1), conferve toute fa force dans le refte de l'Europe.

Platon vouloit que le Légiflateur invitât les citoyens à découvrir les conjurations tramées contre la liberté de la patrie; mais il ne vouloit pas que le filence fur cet objet fût puni (2); & nous, nous puniffons comme coupable de lèze-ma-

---

On avoit vu fous le règne d'Henri IV, en 1603, un fait de la même efpèce. Un Cuifinier de ce Prince, auquel un Gentilhomme du Dauphiné avoit offert de l'argent pour empoifonner fon maître, & qui l'avoit refufé, fut pendu, parce qu'il ne l'avoit pas révélé. (Voyez Bouchel, bibliothèque du Droit françois, v°. *lèze-majefté.*)

A Florence, Bernard de Néro fut condamné à mort pour n'avoir pas révélé une conjuration contre le Gouvernement. (Voyez Guichardin, Hiftoire des guerres d'Italie, année 1497.)

(1) Les ftatuts 1 & 2 de Guillaume & de Marie déclarent feulement le délit de *non révélation*, *fallomepris.*

(2) *Quare unufquifque vir , qui modo alicujus pretii civis fore ftudet , hœc judicibus referat , eumque in judicium trahat , qui patria infidiatus , vi ad iniquam gubernationem vertere illam conatur. Plato , de legib. dialog. 9.*

jesté, l'homme qu'on ne peut accuser que de négligence, ou d'une délicatesse respectable. On ne voit pas dans les lois de Sylla, d'Auguste & de Tibère de tels abus du nom de lèze-majesté.

Combien on trouvera de lois absurdes, lorsque l'on voudra ne consulter que les simples lumières du bon sens! Soumettons pour un moment à la discussion la loi, établie presque dans toute l'Europe, qui déclare coupable de haute trahison celui qui, ayant connoissance d'une conjuration, n'en a pas averti le Gouvernement, quoiqu'il ait tenté tous les moyens possibles de la prévenir. Le premier principe qu'établit la raison, c'est que la loi ne doit jamais être directement contraire à l'opinion publique. Si cette opinion est absurde, le Légiflateur doit la rectifier. Un second principe, aussi certain que le premier, c'est que si la loi peut trouver hors d'elle-même un obstacle au mal, elle ne doit point détruire cet obstacle. Le troisième principe enfin est, qu'il ne faut pas préférer un remède qui préviendra le mal dans un seul cas, à celui qui le préviendra dans un grand nombre de circonstances. Faisons maintenant l'application de ces principes. Mon ami vient me faire confidence d'une conjuration qu'il a tramée. Après avoir refusé constamment de seconder ses desseins, après avoir cherché par toutes sortes de moyens à l'éloigner de son entreprise, la conjuration vient à se découvrir ; je suis convaincu d'en avoir été instruit, & de ne l'avoir pas révélée : on me condamne à la mort. L'opinion publique ne verra-t-elle pas en moi une victime de l'honneur ; & les spectateurs, applaudissant à ma vertu, ne maudiront-ils pas la loi qui la punit ? Quel avantage la société retirera-t-elle de cette peine ? Elle se privera d'un citoyen qui a préféré l'honneur à la vie, & rendra odieuse la force qui tranche le fil de mes jours.

Il y a plus ; si la loi punit le silence, le rebelle, qui connoît l'intérêt qu'a son ami de le trahir, osera-t-il lui découvrir son projet ? ne lui dérobera-t-il pas le secret de ses actions, comme à un déla-

teur toujours prêt à l'accufer ? & cette
défiance, bien légitime fans doute, ne
le privera-t-elle pas de tous les fages confeils que celui-ci eût pu lui donner pour
l'éloigner de cet attentat ? Un feul exemple du fecret trahi par la crainte de la
peine, ou de la fidélité punie par la mort,
ne fuffira-t-il pas pour anéantir tout d'un
coup la confiance ? Ainfi, la loi détruit un
obftacle puiffant contre le mal, dont elle
eût pu fe fervir dans une foule de circonftances, & elle met à la place un moyen qui
ne préviendra le crime qu'une feule fois :
elle contrarie l'opinion publique, puif-
qu'elle punit lorfque celle-ci abfout, &
qu'elle abfout lorfque celle-là condamne.

Telles font les raifons qui m'autorifent
à croire que la loi ne devroit jamais punir
le filence fur cette matière.

Si nous confidérons maintenant les
peines établies contre ces délits, nous
trouverons la Légiflation moderne encore
plus cruelle que l'ancienne. Je ne prétends pas m'ériger ici en Apologifte de
l'antiquité, ni en détracteur des temps
modernes ; mais je ne découvre d'autre

peine dans les lois des trois oppreſſeurs dont j'ai parlé, que l'interdiction de l'eau & du feu (1). Cette modération, il eſt vrai, étoit l'effet, non de leur humanité, mais de leur deſpotiſme. L'intérêt qu'ils avoient de punir, ſous le même nom & de la même peine, des délits très-différens en qualité & en gravité, & la crainte de montrer au peuple un mépris trop éclatant pour les anciennes lois, pour celles qui lui étoient les plus chères (2),

---

(1) Voy. le Juriſconſulte Paul, *in ſententiis*, *lib.* 5, *tit.* 29 ; voy. un paſſage du premier livre des Annales de Tacite, & les articles 5 & 9 de la première Philipp. de Cicéron. Hottoman eſt d'un avis oppoſé, mais il ne l'appuie que ſur de très-foibles conjectures. *Hottoman. in comment. de verb. jur. verb. perduellis.* Il ne faut pas être ſurpris ſi l'Hiſtoire atteſte, en apparence, le contraire. Lorſqu'un tyran faiſoit mourir un citoyen, c'étoit, non par le glaive de la loi, mais par le bras d'un aſſaſſin. Sylla, Auguſte, Tibère ordonnèrent pluſieurs exécutions pareilles ; mais la loi ſubſiſtoit toujours, & la peine étoit toujours la même.

(2) La loi *Porcia* & la loi *Sempronia.* Voyez tout ce qu'a dit ſur ce ſujet le ſavant Crémani dans ſon célèbre ouvrage *de Jure criminali*, *lib.* 1, *part.* 2, *cap.* 4, §. 106, *not.* 7.

dictèrent la sanction de ces lois de majesté. Mais lorsque ce motif n'exista plus; lorsque le despotisme militaire de Sévère eut remplacé le Gouvernement civil institué par Auguste; lorsque l'ombre même de l'ancienne République eut disparu; lorsque l'autorité législative & l'autorité exécutrice furent réunies sur le même trône, & ouvertement exercées par les mêmes mains; alors nul frein ne put arrêter la volonté du Législateur, nul intérêt ne put en modérer les fureurs. Alors parut la loi d'Arcadius & d'Honorius; & cette loi, plus atroce que toutes celles qui l'avoient précédée, l'est bien moins cependant que les ordonnances modernes de nos Législateurs (1).

Elle condamnoit à être exposé aux bêtes sauvages le criminel de lèze-majesté, d'une basse condition; elle condamnoit simplement à la mort celui qui appartenoit à un rang distingué : mais Arcadius n'osa pas prescrire les supplices

____

(1) Voy. la Constit. d'Arcadius & d'Honorius, *in leg. quisquis* 5 , *cod. ad leg. Jul. majest.*

affreux que l'on fait aujourd'hui endurer au coupable avant de lui donner la mort. Le Bourreau ne devoit pas, avec une cruauté raffinée, déchirer les membres de la victime, lui arracher la peau avec des tenailles ardentes, y faire couler du plomb fondu, brûler lentement sa main parricide ; il ne devoit pas, en un mot, exercer sur sa personne tous les genres de torture dont la nature humaine est susceptible (1). Arcadius n'osa pas prostituer à ce point le langage sacré des lois ; & quoique les Romains fussent accoutumés depuis long-temps au spectacle de la plus féroce tyrannie, leurs lois ne furent pas sanguinaires, comme leurs oppresseurs. Notre condition est absolument contraire à la

____

(1) Telle est la peine établie en France contre les crimes de lèze-majesté. (Voy. Domat, supplément au Droit public, liv. 3, tit. 2, art. 6.) En Angleterre, on arrache le cœur du coupable, & on lui en bat les joues. Il est important de remarquer que les lois des siècles barbares n'ont jamais porté la cruauté à ce point. (Voy. le code des Visigots, lib. 2, chap. 2 ; l'édit de Théodoric, chap. 107 ; le code des Bavarois, tit. 2, chap. 1 , art. 1, & chap. 2 , art. unique.

leurs

leur ; la tyrannie eſt dans les lois, l'humanité eſt ſur les trônes. Nos mœurs détruiſent ou modèrent le deſpotiſme que les lois favoriſent & protègent : celles-ci nous conduiroient à la ſervitude, ſi celles-là ne nous repouſſoient vers la liberté. Cette lutte perpétuelle entre les mœurs & les lois peut cependant devenir dangereuſe ; l'équilibre qui en réſulte n'eſt que momentané. Il n'y a de bonheur durable dans la ſociété, que celui qui naît des bonnes lois ; c'eſt par elles, & par elles ſeules qu'on eſt conſtamment libre & tranquille.

CHAPITRE XXII.

Suite du chapitre précédent. Réforme que l'on devroit faire ſur cet objet.

APRÈS avoir montré l'état de la Légiſlation ancienne & de la Légiſlation moderne ſur les délits de lèze-majeſté, après avoir dit tout ce qu'on a fait à cet égard, il faut dire tout ce qu'on devroit faire.

En expofant mon plan de claffification des délits, j'ai annoncé que je voulois les diftribuer fuivant leurs différens objets. Je m'occuperai dans cette diftribution, non de leur *gravité*, mais de leur *qualité*.

Tout délit, comme je l'ai dit, peut être divifé en fix ou en trois degrés. En fix, lorfqu'il eft l'ouvrage de la faute; en trois, lorfqu'il eft l'ouvrage du dol. Cette fubdivifion particulière a déjà été établie avec quelques règles générales.

Comme je n'expofe plus ici qu'une diftribution générale, je ne dois parler que de la *qualité* des délits. Cette qualité, ai-je dit, eft déterminée par les pactes que l'on viole; & la plus grande ou la moindre influence qu'ont ces pactes fur l'ordre focial, détermine la valeur de ces délits. Après avoir rappelé ces idées générales, je paffe à leur développement.

Toutes les fois que je parle du Souverain, j'entends cette perfonne morale qui exerce le pouvoir fuprême, c'eft-à-dire, le pouvoir légiflatif. Si, par exemple, le

Roi d'Angleterre n'étoit pas une des parties constituantes du Parlement, il n'auroit aucune portion de la souveraineté. Dans les autres Monarchies de l'Europe, le Roi est Souverain, parce qu'il est Législateur; & c'est sous ce point de vue seulement que nous pouvons, sans nous avilir, donner à nos Rois le nom de Maîtres.

L'expression de la volonté publique n'est que dans la puissance législative. L'existence de la personne ou du corps qui l'exerce constitue l'essence de la société. Hors d'elle, il n'existe point d'autorité ; sans elle, il ne doit point y avoir d'obéissance. Lorsque cette puissance périt, la société civile s'anéantit ; l'anarchie domine; on retourne à l'indépendance naturelle, & avec elle s'acquiert le droit de la défendre.

Il est aisé de sentir, d'après cela, que le premier devoir du citoyen, le pacte le plus précieux, celui de tous qui a la plus grande influence, en un mot, le pacte que l'on ne peut violer sans dissoudre la société, est celui qui oblige de ne point porter atteinte à la souveraineté.

C 2

La violation de ce pacte eſt donc le plus grand de tous les délits. « Celui qui s'efforce d'anéantir ce pouvoir, dit Platon ; celui qui cherche à ſubſtituer à la force des lois la volonté d'un homme ; celui qui tente de ſubjuguer ſa patrie par des factions, & qui, oppoſant la violence aux lois, remplit la ville de ſéditieux & de rebelles ; celui-là eſt le plus grand ennemi de la ſociété (1) ».

Voilà le véritable crime de lèſe-majeſté ; mais il faut en déterminer l'idée d'une manière plus préciſe.

J'ai dit que le premier devoir du citoyen, le plus précieux de tous les pactes eſt celui qui l'oblige de ne point porter atteinte à la ſouveraineté. J'ai dit la *ſouveraineté*, & non le *Souverain*, parce que le citoyen qui ne feroit que ſe ſoulever contre l'homme, ou contre les membres du corps qui exerce & repréſente cette ſouveraineté, commettroit un moindre crime que celui qui ſe ſouleveroit dans le deſſein d'uſurper le pouvoir ſuprême.

___

(1) *Plato de legib. dial.* 2.

Dans une Monarchie héréditaire, par exemple, où le pouvoir législatif a été confié à la famille régnante, celui qui attente simplement à la vie du Roi, est moins coupable que celui qui commet cet attentat, pour s'emparer de sa couronne. La raison en est très-simple, elle résulte des principes établis ci-dessus. Dans le premier cas, l'autorité législative n'est point anéantie, la société n'est pas dissoute, le lien social n'est pas rompu. Le corps civil a reçu une commotion terrible; mais il existe toujours, puisque l'ame qui l'anime vit encore. L'héritier légitime du trône a le même pouvoir que son prédécesseur exerçoit; il a les mêmes droits sur les membres de la société; & ceux-ci sont liés avec lui par les mêmes devoirs. Mais si le Régicide monte sur le trône, & joint l'usurpation au meurtre, alors le lien social est rompu, l'autorité législative est anéantie, parce que celui qui l'exerce n'a pas le droit de l'exercer. Il n'y a plus de Souverain, plus de lois, plus de pouvoir, plus de souveraineté. L'anarchie alors est fondée sur un droit,

& l'autorité fur la violence. Le premier des délits contre le Souverain eft donc l'attentat à la fouveraineté ; le fecond eft le régicide, c'eft-à-dire, l'attentat à la vie du Roi, ou du Chef de la République.

Les titres facrés qui mettent la couronne fur la tête du Roi, le décret général qui établit le Dictateur & le Conful, les fuffrages libres d'un Sénat qui nomme le Chef d'une République, tous ces fondemens de l'autorité exigent le refpect du peuple. La vie la plus précieufe à un Etat eft celle du repréfentant de la fouveraineté de la Nation, & de fon premier Magiftrat. Lorfqu'un citoyen ofe frapper ce Magiftrat fuprême, la famille civile perd fon père, la tranquillité générale eft troublée, l'ordre public eft détruit, la foi des fermens eft violée, la majefté du trône ou de la République eft avilie. Les fuites de cet horrible attentat font, pour le peuple, un exemple funefte, & pour ceux qui gouvernent, une terreur habituelle. C'eft donc avec raifon que

nous mettons ce délit au fecond rang (1) :
la trahifon fera placée au troifième.

Le traître eft celui qui livre ou cherche
à livrer aux ennemis l'armée ou la patrie.
Dans les Gouvernemens les plus libres,
ce délit a toujours paru digne de toute la
rigueur des lois. Il eft directement contre
le Souverain, parce qu'il tend à le priver
de la fouveraineté, ou à affoiblir la force
qui la garantit & la conferve. Le lecteur
fentira aifément quels font les délits que
l'on peut comprendre fous ce nom, fans
tomber dans l'arbitraire.

La réfiftance violente & à main armée
contre les ordres du Souverain, tiendra
le quatrième rang dans cette claffe. Il
doit y avoir dans chaque Gouvernement
une autorité affez abfolue pour empêcher
les fujets, non de fe plaindre, de récla-

---

(1) Dans les Monarchies héréditaires, il eft jufte que
l'attentat contre la vie de la femme du Roi, ou contre
la vie de l'héritier du trône, foit puni de la même manière : l'une eft affociée à la fouveraineté, l'autre eft
deftiné à l'exercer. Ils doivent donc jouir du même refpect
que la loi prefcrit pour celui qui eft fur le trône.

mer contre l'injustice, d'éclairer le pouvoir, de lui faire des représentations, &
de l'avertir, pour ainsi dire, de la réaction
qui l'entoure; mais de lutter physique-
ment contre lui, de lui résister avec violence. Que la souveraineté soit exercée
par un seul, ou par tous, ou par un petit
nombre, elle est toujours la même : c'est
toujours l'autorité absolue qui peut or-
donner l'obéissance, & triompher de tous
les obstacles.

Dans la Démocratie, lorsque le peuple
a parlé, lorsque l'assemblée a délibéré;
nul pouvoir étranger ne peut arrêter l'exécution de ses ordres. Il en est de même
du Sénat dans l'Aristocratie, & du
Prince dans la Monarchie. Sans cette
autorité, il n'est point de Gouvernement;
& de même qu'il n'y a point de constitution où l'homme puisse être soumis à
des volontés arbitraires, il n'y en a point
où l'homme ne doive obéir à des lois
justes, sans aucune restriction. Lorsqu'une
partie des sujets, au lieu d'éclairer le
Souverain, en réclamant avec énergie,
devant lui, contre des lois nuisibles,

prend les armes, & déclare la guerre à son autorité, alors la souveraineté est violée, & les réfractaires sont de véritables rebelles (1).

Le Souverain a droit d'exiger de ses sujets, non seulement la conservation, la défense de l'ordre public, l'obéissance aux lois, mais le respect dû à sa personne; c'est un autre pacte, un autre devoir que le citoyen contracte en naissant avec la société. La violation de ce pacte, c'est-à-dire, les insultes faites manifestement au Souverain, seront placées au cinquième rang de cette classe. Mais que peut-on entendre par ce mot d'insulte? La loi doit le définir avec précision, si elle ne veut ouvrir la voie à l'arbitraire le plus terrible. J'appelle

____

(1) En Angleterre, le contrat fait avec Guillaume III, contrat qui a force de loi fondamentale, donne à la Nation le pouvoir légitime de se soulever pour en maintenir l'observation; mais il faut remarquer que dans ce cas la Nation se soulève, non contre le Souverain, mais contre le premier Magistrat. On peut dire qu'alors c'est le Souverain qui s'arme contre le Roi.

infulte faite au Souverain, toute action manifeftement injurieufe, toute action dans laquelle le refpect dû à la fouveraineté eft évidemment violé ; telle eft, par exemple, la publication d'un libelle contre le Souverain. Je ne donne pas le nom d'infulte à l'écrit d'un Philofophe qui expofe avec liberté les maux de fa patrie, pour en accélérer la guérifon ; je ne donne pas ce nom à une expreffion de mépris & de haîne, à une imprécation échappée dans la colère ; je ne donne pas ce nom à des réflexions faites dans le fecret de l'amitié ou de la confiance, fur la conduite du Chef de l'Etat. Si nous voulions transformer les paroles en délit, la fociété fe trouveroit bientôt remplie de délateurs & d'accufés ; le crime de lèze-majefté deviendroit, comme dit Pline, le crime de ceux qui n'en ont point commis (1) ; la défiance, la trifteffe s'empareroient de tous les cœurs ; la Nation perdroit fon caractère

____

(1) *Majeftatis fingulare, & unicum crimen eorum qui crimine vacant. Plin. in Panegyr. Traj.*

primitif ; l'ignorance éteindroit les lumières, ou y perpétueroit les erreurs &
les préjugés ; les mœurs se corrom-
proient ; le trône lui-même y seroit exposé à une foule de dangers. Si je voulois
donner un conseil à un Despote, je lui
dirois qu'il faut laisser au peuple qu'il
opprime la liberté de se plaindre, parce
que cette liberté le soulage, parce qu'un
mécontentement qui s'évapore n'est jamais à craindre. La douleur qui fermente
& se nourrit d'elle-même dans le silence,
éclate enfin avec une impétuosité terrible,
& forme une révolte générale.

Nulle Nation en Europe n'a peut-être
éprouvé plus de révolutions que la Russie ;
& nulle Nation ne s'est plus occupée à
épier & réprimer les paroles. Un Voyageur célèbre assure que le lendemain de
la mort de l'Impératrice Elisabeth, personne n'osoit parler de cet événement ;
tout le monde savoit qu'elle étoit morte,
personne n'avoit le courage de le dire (1).

____

(1) Voyage en Sibérie de l'Abbé Chappe d'Autero-
che, tome 1, page 192, édition d'Amsterdam de 1769.

C'étoit un crime de demander si le Prince Ivan vivoit ou étoit mort. Il suffisoit qu'un Russe prononçât à haute voix ces deux mots, *Slowo dielo* (c'est-à-dire, je vous déclare coupable de lèze-majesté en paroles & en actions), pour que tous les assistans fussent obligés d'arrêter le malheureux qui en étoit l'objet. Le père arrêtoit le fils, le fils arrêtoit le père ; l'accusateur & l'accusé étoient à l'instant même conduits en prison ; & si celui-là offroit seulement de se soumettre à la preuve du *knout*, celui-ci étoit censé convaincu, & on le condamnoit à la mort, quoique son crime ne fût pas prouvé. Ces atrocités ne souilleront pas sans doute le code que Catherine doit donner à ses sujets ; elle a annoncé assez

---

Le manifeste de la Czarine, fait en 1740 contre la famille Olgaurouki, confirme tout ce que dit à ce sujet l'Abbé Chappe. Un de ces Princes fut condamné à mort pour avoir tenu quelques propos indécens sur la personne de l'Impératrice ; un autre fut condamné à la même peine pour avoir interprété malignement ses dispositions à l'égard de l'Empire, & l'avoir offensée par des paroles indiscrètes.

clairement ſes idées ſur cet objet (1),
pour qu'il ſoit permis de croire qu'elle
rendra aux paroles cette liberté qu'elle
s'eſt occupée de rendre aux perſonnes ;
& alors ſon peuple, en rendant hommage
à ſes lumières & à ſa juſtice, la ſoutiendra
ſur un trône où le ſang a coulé tant de
fois.

Parlons maintenant des délits qui ſe
commettent dans le palais du Souverain,
c'eſt-à-dire , dans le lieu où le corps
repréſentant de la ſouveraineté exerce
ſes fonctions. Dans tous les pays, dans
ceux même où la liberté a le plus d'étendue, on a conſtamment reſpecté le ſiège
du pouvoir ſuprême ; mais on n'a pas
établi par-tout des peines ſévères contre
la violation de ce reſpect. Lorſqu'il y a
dans ce délit une inſulte directe contre
le Souverain, alors la loi doit joindre la
peine du ſecond délit à celle du premier.
Mais ſi cette inſulte directe n'exiſte pas,

----

(1) Voyez les Inſtructions de Catherine à la com-
miſſion établie pour la formation du nouveau code, art.
20, §. 460.

pourquoi aggraver la peine? Tout le territoire de la Monarchie ou de la République n'est-il pas le siège de la souveraineté? son pouvoir ne doit-il pas se faire sentir sur toutes les parties de ce territoire? dans quelque lieu que le délit soit commis, la souveraineté n'est-elle pas également offensée?

Celui qui, dans le palais du Souverain, vole un bijou à un riche Courtisan, est-il plus coupable que celui qui dérobe à un Laboureur, dans sa chaumière, l'instrument de sa subsistance? le pacte qu'il viole est-il plus précieux pour l'Etat? l'influence sur l'ordre public en est-elle plus grande? les bœufs & la bêche du Laboureur ne sont-ils pas plus utiles à l'Etat, que les bijoux d'un riche oisif? l'humble maison de l'homme des champs ne doit-elle pas être protégée par les lois avec plus de vigilance, qu'un palais toujours assez bien gardé par une foule de soldats & de valets?

Mais que dirons-nous des peines que l'on devroit établir contre les diverses espèces de délits compris dans cette claffe? Si l'on fe rappelle mes idées fur le fyftême pénal, on fentira pourquoi, dans cette diftribution de délits, je ne fixe pas la peine qui doit être proportionnée à chacun d'eux. J'écris, non pour une feule Nation, mais pour tous les hommes en général; & après avoir développé les principes généraux qui déterminent la valeur relative des peines chez les différens peuples; après avoir montré l'altération que les rapports politiques, phyfiques & moraux des Nations doivent produire dans leur fyftême pénal, je fortirois de la généralité de mon plan & de l'uniformité de mes principes, fi je voulois fixer ici pour chaque délit la peine qui lui eft relative. On ne peut exécuter une telle opération que pour un peuple particulier.

Mais fi je ne puis indiquer ici la peine du crime de lèze-majefté, le lecteur trouvera dans mes principes mêmes le terme où doit s'arrêter la fanction pénale : c'eft ce terme que n'ont pas aperçu prefque tous les Légiflateurs de l'Europe, lorfqu'ils ont voulu punir les crimes dont il s'agit. Je l'ai dit ailleurs ; l'abus de la peine de mort, dans les délits peu importans, les a entraînés à des actes de barbarie dans les délits très-graves. Si on fait expirer fur la roue un faux monnoyeur, quel fupplice infligera-t-on au rebelle, au régicide ? Pour corriger cet abus, il faut réformer tout le code pénal ; alors le Légiflateur, fans fortir des bornes de la modération, pourra trouver une peine proportionnée au plus confidérable de tous les délits, à celui qui tient le premier rang dans cette claffe. Comme par ce délit on viole tous les pactes, on doit perdre tous les droits, c'eft-à-dire, la vie, l'honneur, la propriété. Le coupable expireroit, non au fein des tourmens, mais au milieu de l'appareil le plus terrible, le plus ignominieux. L'exécution ne feroit pas couler les larmes des fpectateurs ; elle exciteroit dans leur ame, non la pitié pour le coupable, mais l'horreur pour le crime. Le Légiflateur pourroit punir la première efpèce de régicide par la mort, l'infamie, & une confifcation générale ; & la

seconde,

feconde, par la mort, l'infamie, & la confifcation de la plus grande partie des biens : enfin le Légiflateur n'auroit befoin, pour déterminer la peine des autres délits compris dans cette claffe, que d'appliquer les principes développés ci-deffus.

Je pourrois terminer ici ce chapitre, fi, en propofant la peine de la *confifcation*, je n'étois obligé de développer les principes fur lefquels elle eft fondée. Il femble, au premier afpeA, que l'ufage de cette peine, qui frappe moins le coupable que fes enfans & fes héritiers, ne devroit pas entrer dans le plan d'une Légiflation diAée par la juftice & par l'humanité. Si la perte d'un droit n'eft véritablement jufte que lorfqu'elle eft précédée de la violation d'un paAe, quel paAe ont violé les enfans que la loi prive en ce cas de l'hérédité paternelle ? La confifcation fut inconnue à Rome jufqu'à la diAature de Sylla (1); & fous le Triumvirat même,

____

(1) *Tam moderata judicia populi funt à majoribus conftituta, ut ne pæna capitis cum pecuniâ conjungatur. (Cicero pro domo fua).* La loi Cornélia, *de*

on laiſſa le dixième aux fils des proſcrits ;
& le vingtième à leurs filles (1). Platon
ne veut pas que la peine pécuniaire oblige
jamais le coupable de vendre ſon fonds (2) ;
il ne veut pas que le fils ſoit puni du crime
de ſon père (3) : enfin on peut ajouter
que tous les bons Princes ont eu horreur
de la conſiſcation. Trajan , Antonin ,
Marc - Aurèle , Adrien , Valentinien ,
Théodoſe le Grand la rejetèrent en entier,
ou en partie.

Mais toutes ces réflexions , tous ces
exemples ne m'empêchent pas de regarder

Proſcript., déclare les fils des proſcrits incapables de
poſſéder les dignités & les biens de leurs pères.

(1) *Mathæi comment. ad lib.* 48 , *ff. tit.* 21, *cap.*
5 , §. 7. Céſar ajouta le premier la conſiſcation des biens
à l'exil dans tous les délits qui d'abord avoient été punis
de cette dernière peine. Voy. *Sueton. in Cæſar.*

(2) *Sed quandò quis ea patravit, quæ pecuniarum
mulĉta luenda ſunt, quod ſupra ſortem poſſidetur, id
impendatur, ſors integra maneat. (Plat. dialog. 9,
de legib.)*

(3) *Et ut breviter dicam ; peccata patris non luant
filii, &c. (Plat. ibid.)*

comme jufte , & utile en certains cas ,
cette efpèce de peine. La confifcation
fut inconnue à Rome, il eft vrai, avant
Sylla ; mais un peuple libre l'avoit adoptée. L'exil perpétuel étoit fuivi à Athènes
de la confifcation des biens (1) ; le traître
étoit puni par la mort & la confifcation (2).
Si les bons Princes l'eurent en horreur &
la rejetèrent, ce n'eft pas parce que cette
peine étoit à leurs yeux trop inhumaine,
c'eft parce qu'on en avoit abufé. Enfin
l'autorité du Philofophe que je refpecte le
plus ne prouve rien contre mon opinion,
parce qu'il eft évident, d'après tout ce
qu'il dit à ce fujet, que fon but étoit, non
d'épargner les enfans, mais de ne pas
altérer la diftribution des propriétés : les
lois qu'il propofe devoient conferver

---

(1) On appeloit cet exil φυγη, pour le diftinguer
de celui qui ne duroit pas plus de dix ans, & qu'on appeloit οςρακισμος (*Potter. archæolog. græc. lib.* 1,
cap. 25.)

(2) *Si quis in judicio proditionis , aut facrilegii
damnatus fuerit, intrà Atticam ne fepelitor : bona
ejus publicantor.* Cette loi eft rapportée par Xénophon,
lib. 1.

D 2

l'égalité des fonds qu'elles avoient établie, & il étoit obligé de régler les peines
fur le plan d'après lequel il avoit réglé
les fucceffions. Cela réfulte évidemment
de la fuite du fecond paffage que nous
avons rapporté. Après avoir dit que les
enfans ne doivent pas recevoir la peine
des délits de leur père, il ajoute ; à moins
que le père, l'aïeul & le bifaïeul n'aient
été condamnés à la mort. Dans ce cas,
la République les fera fortir de fon territoire, & les renverra dans leur ancienne
patrie, en leur laiffant leurs biens meubles ; mais leur fonds, la portion de
terrain qui avoit été affignée à leur famille dans la diftribution générale, leur
fera enlevée, & on la donnera à un citoyen que la loi indique (1).

____

(1) *Peccata patris non luant filii, nifi pater, avus
ac proavus deinceps capitis rei fint : hos autem, cum
bonis fuis, SORTE SEMPER EXCEPTA, in antiquam
civitas patriam mittat. Et de filiis civium, quibus
plures quam unus funt, non pauciores quam decem
annos nati, eos forte deligant, quos patres, aut avi
paterni, maternive nominaverint, nominaque ipfo-
rum Delphos mittant, & qui Oraculo Apollinis*

Platon croyoit donc·qu'il y avoit une circonstance où l'on pouvoit dépouiller les enfans innocens de l'héritage paternel; mais quand même cet illustre Philosophe n'auroit pas eu cette opinion, je pourrois l'établir par les simples lumières de la raison. La perte d'un droit doit toujours être précédée de la violation d'un pacte; c'est un principe constant. Mais quel est le droit que perdent les enfans par la confiscation des biens d'un père coupable? Le droit de succéder ne dépend-il pas du droit de disposer de sa propriété? Si la loi prive le père du droit de disposer, quel droit les enfans ont-ils de succéder? Si le père avoit dissipé sa fortune, ses enfans, qui n'auroient pas participé à ses désordres, pourroient-ils prétendre à la succession de ses biens aliénés? ne seroient-ils pas dans ce cas privés de l'héritage paternel, sans avoir commis de crime? Si le droit de succéder n'existe donc pas lorsqu'il n'y a point de droit de

---

approbabitur, *huic feliciore fortunâ* sors *& domus destituta reddatur. Plat. de legib. dialog. 9.*

D 3

difpofer , & fi la perte de ce droit eft une peine juftement établie contre le parricide & le rebelle , quelle eft alors l'injuftice de la confifcation ? Cette injuftice ne pourroit exifter que dans le cas où la confifcation frapperoit fur les biens dont le père n'a pas droit de difpofer. Il eft évident qu'alors les enfans ne peuvent perdre le droit de fuccéder. Il feroit facile de prévenir ce danger, en ordonnant que la confifcation ne portât jamais que fur les biens difponibles du coupable.

Tel eft le principe fur lequel eft fondée la juftice de la confifcation ; l'utilité n'en eft pas moins conftante. Cette peine eft un obftacle que la loi offre à l'amour paternel, pour l'éloigner du crime. La crainte de laiffer fes enfans dans l'indigence fera , dans certaines occafions, un frein plus puiffant que le rifque de perdre fa propre vie. L'efpérance de l'impunité, qui pourroit enhardir une main criminelle, abandonne le coupable, à l'inftant même où il jette les yeux fur fes enfans. Il fait que fi fa fuite le dérobe à la peine, elle ne pourra fouftraire fa famille à la mifère ;

mais pour que cette peine soit toujours juste & utile, il ne faut pas en abuser. L'Histoire de Rome offre un grand nombre de preuves de cette vérité. Je crois que pour prévenir les maux que cette peine produisit dans l'Empire, il faudroit en restreindre l'usage aux trois premières espèces de délits comprises dans cette classe. Mais les principes mêmes par lesquels nous avons justifié l'usage de la confiscation, ne nous démontrent-ils pas l'injustice des lois qui font supporter aux enfans les peines des délits de leur père ?

Que dirons-nous de la loi, également absurde & atroce, qui, en Perse (1), dans la Macédoine (2), à Carthage (3), condamnoit à mort les enfans de l'homme criminel de lèze-majesté ? Que dirons-nous de l'article de la loi d'Arcadius, qui, parlant des enfans de ces criminels, veut qu'ils soient exclus de l'hérédité

----

(1) *Ammian. Marcell. lib.* 23, *cap.* 6 ; *Herodot. lib.* 3; *Justinian. lib.* 10, *cap.* 2.

(2) *Quint. Curt. lib.* 6, *cap.* 2, *lib.* 8, *cap.* 6.

(3) *Justin. lib.* 11, *cap.* 4.

paternelle, que l'indigence rempliſſe leur ame d'amertume & de douleur, que leur perſonne ſoit couverte d'infamie, que la vie, en un mot, ſoit pour eux un ſupplice, & la mort un ſoulagement (1)? Que dirons-nous enfin de la loi qui condamne, en France, à l'exil perpétuel le père, la mère, & les enfans du régicide (2)?

Je paſſe à la troiſième claſſe des délits; j'y placerai une grande partie de ceux auxquels on a donné, par abus, le terrible nom de lèze-majeſté.

____

(1) *Filii verò ejus, quibus vitam imperatoria ſpecialiter lenitate concedimus (paterno enim deberent perire ſupplicio, in quibus paterni, hoc eſt, hæreditarii criminis exemplo metuuntur), à maternâ, vel avitâ, omnium etiam proximorum hæreditate, ac ſucceſſionè habeantur alieni; teſtamenti extraneorum nihil capiant; ſint perpetuo egentes, & pauperes; infamia eos paterna ſemper comitetur; ad nullos prorsùs honores, ad nulla ſacramenta perveniant; ſint poſtremò tales ut his perpetuâ egeſtate ſordentibus ſit & mors ſolatium, & vita ſupplicium. Leg. 5, §. 1, cod. ad leg. Jul. majeſtat.*

(2) Domat. ſupplément au Droit public, liv. 3, tit. 2, §. 6.

CHAPITRE XXIII.

TROISIÈME CLASSE DES DÉLITS.

Des délits contre l'ordre public.

Tous les pactes sociaux concourent au maintien de l'ordre public, mais tous n'ont pas cet ordre pour but immédiat. Tous les délits troublent l'ordre public, mais tous ne le troublent pas directement. Tous les pactes sociaux qui nous obligent à respecter la vie, l'honneur, la propriété de chaque citoyen, ont une influence sur l'ordre général ; mais cette influence n'est pas si immédiate que celle des pactes qui nous obligent de ne pas violer la justice, la tranquillité publique, &c. En violant les premiers pactes, on trouble l'ordre général, parce qu'on porte atteinte à l'ordre particulier ; en violant les seconds, on trouble l'ordre particulier, parce qu'on porte atteinte à l'ordre général. Nous ne mettrons donc dans cette claſſe que les délits qui violent immédia-tement l'ordre public ; nous allons en offrir la ſubdiviſion dans les titres ſui-vans.

Titre Premier.

Des délits contre la juſtice publique.

Après le Souverain qui promulgue les lois, viennent les Magiſtrats qui en ſont les dépoſitaires. Les premiers hommages appartiennent au Roi, au Sénat, à l'Aſ-ſemblée générale ; les ſeconds, aux Ad-miniſtrateurs de la juſtice. Leurs auguſtes fonctions exigent le reſpect public ; les abus de leur autorité méritent toute la rigueur des lois. Le citoyen contracte en naiſſant le devoir de les reſpecter, d'obéir à leurs ordres, de laiſſer un libre cours à la juſtice, protectrice de la liberté civile. Attenter à la vie d'un Magiſtrat, l'inſul-ter, l'outrager dans l'exercice de ſon miniſtère (1); réſiſter, à main armée, aux

____

(1) Voy. ſur cet objet le titre du Digeſte, *ſi quis jus dicenti non obtemperaverit.*

exécuteurs de ses ordres ; arracher de leurs mains l'accusé qu'ils conduisent vers la justice ; favoriser la fuite du coupable condamné, ou que les Juges appellent en jugement pour lui prononcer sa sentence ; ouvrir les prisons, pour faire rentrer dans la société les hommes qui l'ont offensée ; offrir un asile aux coupables & aux exilés que les lois ont proscrits (1) ; favoriser les larcins, en gardant ou achetant des choses volées (2) ; mépriser les

______

(1) A Athènes, ce délit étoit puni par l'exil. *Exulem nullum recipito, qui secùs faxit in exilium mittitor.* Demosth. *in Polyclem.* Voy. *Plato, de legib. dialog.* 9. *Qui exulem, seu quemvis hujuscemodi fugientem susceperit, moriatur. Quippe quem civitas amicum sibi, vel hostem decreverit, eumdem sibi quisque similiter existimare debet. Plato, de legib. dialog.* 12. Voy. encore la loi 1, *cod. de his qui Latron. vel aliis crimin. reos, &c.; & leg.* 1, *ff. de recept.* Les parens n'étoient pas soumis à cette peine. Les lois romaines, malgré leur rigueur excessive contre ce délit, vouloient qu'on punît moins sévèrement les parens & les alliés du coupable. *Leg.* 2, *ff. de receptator.* La femme, le père, la mère, le fils, les frères étoient entièrement à l'abri de cette peine.

(2) *Si quis rem furto sublatam sciens receperit, in*

ordres du Magiſtrat qui nous appelle devant ſon tribunal, ou empêcher, par force ou par mauvaiſe foi, un autre de ſe préſenter lorſqu'il eſt aſſigné (1); dérober, ſupprimer, mutiler, altérer, fabriquer un regiſtre, un acte public, pour l'intérêt de ſa propre cauſe ou de celle d'autrui (2);

---

eâdem culpâ ſit, quâ ille qui furatus eſt. Plato, ibid.

(1) Si l'on veut voir les diſpoſitions du **Droit** romain relativement à cet objet, on n'a qu'à lire *Noodt, comment. ad Pand. lib. 2, tit. 5 & tit. 7*; & les deux titres du Digeſte, *ne quis eum qui in jus vocabitur, vi eximat. — De eo, per quem factum erit, quominus quis in judicio ſiſtat.* Quant à ce qui regarde la contumace dans les affaires criminelles, j'ai ſuffiſamment développé mes idées à cet égard, chap. 8, livre 3.

(2) Voyez les diſpoſitions des lois romaines ſur ces délits, *ff. leg. Cornel. de falſo, & de S. C. Liboniano.* La loi Cornélia concernoit proprement ce que les lois romaines appeloient *falſum teſtamentarium & nummarium*; mais les Sénatus-Conſultes & les conſtitutions des Princes l'étendirent aux fabrications & altérations de pièces, lettres, témoignages, accuſations, obligations, meſures & poids. De là vint la diſtinction entre les délits appelés *falſi*, & ceux appelés *quaſi falſi.* Les premiers étoient ceux dont parloit la loi Cornélia; les ſeconds

arrêter le cours d'un procès criminel;
empêcher un témoin de dépofer; l'engager, par des menaces ou par de l'argent,
à trahir la vérité; corrompre ou tenter
de corrompre un Juge, & priver la juftice des moyens qu'elle doit employer
pour défendre l'innocence (1); fe fervir
de la liberté des accufations pour calomnier un innocent (2), pour vendre fon
filence à un coupable (3), pour fe rendre

étoient ceux dont parloient les Sénatus-Confultes & les
conftitutions des Princes. Voy. *leg.* 1, §. *ultim.; & leg.*
16, *ff. huj. tit.*

(1) Voici la loi d'Athènes fur cette efpèce de délits:
*Si quis Athenienfium ab alio munera accipiat, aut
ipfe det alteri, aut pollicitationibus corrumpat alios
in perniciem populi, aut alicujus civis, aut quocum-
que alio modo & arte, ignominiofus efto cum liberis
& bonis fuis. Demofth. midiana.*

(2) Voyez les chapitres 2 & 3 de la première partie
de ce livre; j'y ai dit comment on a puni ce délit, &
comment on devroit le punir.

(3) C'eft faire d'un droit précieux qu'a donné la loi,
un moyen infame d'extorfion. Le jugement public de la
loi Cornélia, *de falfis,* étoit établi contre ce délit. Voy.
leg. 2, *ff. de concuff.; leg.* 8, *ff. de calumniat.; leg.
ult: ff. ad leg. Cornel. de falfis.*

criminel de prévarication, de collusion ; de tergiversation (1) ; trahir la vérité par un parjure dans les jugemens, lorsqu'on est accusateur ou témoin (2) ; recevoir de l'argent ou quelque récompense pour ne pas déposer (3) ; lorsqu'on défend une partie, favoriser les intérêts de l'autre (4) :

---

(1) Je me sers ici des expressions ordinaires. Si le lecteur veut voir la définition de ces délits, il n'a qu'à lire la loi 212 *de verbor. significat.* ; le titre du Digeste, *ad Senatus-Consultum Turpillianum*, & le même titre dans le code.

(2) Voyez, dans la première partie de ce Livre, le chapitre où j'ai parlé de l'usage des sermens dans les affaires criminelles.

(3) Je rapporterai ici un fragment des lois des douze Tables relatif à ce délit. *Qui. se. sirit. testarier. Libripens. ve. fuerit. ni. testimonium. fariatur. improbus. intestabilis. que. estod.* Aulu-Gelle, liv. 15, chap. 13. Cette expression *Libripens. ve. fuerit*, indique que le témoin, malgré sa qualité de personne publique, n'étoit pas exempt du devoir commun, & par conséquent à l'abri de la peine, lorsqu'il refusoit de le remplir.

(4) C'est une autre espèce de prévarication. Les lois romaines lui donnent le même nom. *Leg. 3, §. quod si advocatus, ff. de prævaricator. ; leg. 1, cod. de advocat. Cujac. observat. lib. 9, c. 49.*

tels font les délits des particuliers contre la juftice publique. Paffons maintenant à ceux des Magiftrats & des autres Miniftres de la juftice.

Se fervir du dépôt des lois pour les violer ; attaquer par elles l'innocence que l'on doit défendre ; arrêter le cours des jugemens, ou refufer à l'accufé les moyens que la loi lui offre pour affurer fa liberté civile ; employer contre l'ordre public l'autorité même qui le maintient ; négliger les devoirs de fon miniftère ; opprimer les citoyens , en leur infligeant des peines plus fortes que la loi ne le prefcrit, ou différentes de celles qu'elle ordonne ; recevoir de l'argent pour abfoudre ou condamner, pour précipiter ou retarder le jugement, pour favorifer l'une des parties, ou pour nuire à fes intérêts ; permettre aux Miniftres fubalternes de la juftice de piller, de tourmenter, d'abufer de leurs fonctions (1) ; fe rendre,

––––––––––

(1) Voyez les difpofitions de la loi *Calpurnia* (appelée auffi *Cecilia*, peut-être du nom de l'autre Tribun du peuple qui fut collègue de Lucius-Calpurnius Pifon,

en un mot, coupable de négligence, de partialité, de vénalité, d'extorsion, de concussion : tels sont les délits des Magistrats & des Juges contre la justice publique.

A mesure que la liberté civile a été plus respectée par les Législateurs, la vénalité des Magistrats & des Juges a été plus sévèrement punie. Platon veut que le Magistrat qui accepte un présent, même pour faire une chose légitime & honnête, soit condamné à mort (1). Une

---

auteur de cette loi); des lois *Junia*, *Servilia • Acilia*, *Cornelia*, & *Julia de pecuniis repetundis*. Sigonius a recueilli tous les monumens des Auteurs anciens, relatifs à ces lois, dans le chap. 27, livre 2 *de judiciis*. On trouve encore dans le digeste & le code, au titre *ad legem Juliam repetundarum*, les délits dont j'ai parlé ci-dessus.

(1) *Qui patriæ in aliquâ re ministrant, nullo modo munera recipiant ; nec ullâ occasione aut ratione nobis persuadeamus, in rebus quidem bonis suscipienda esse munera, in aliis minime. Nam nec cognoscere facile est, neque quum cognoveris, continere. Idcircò tutius est legibus obtemperare, dicentibus, nulla pro patriæ ministerio munera esse suscipienda. Si quis verò minus obtemperasse damnatus fuerit, moriatur. Plat. de legib. dialog.* 12.

loi d'Athènes, quoique moins sévère, punissoit cette action, lors même qu'il ne s'y
mêloit aucun trait d'injustice (1). A Rome,
la peine de ce délit varioit avec les circonstances; quelquefois cette peine étoit
la mort (2). Mais pour punir ce délit de
la manière la plus juste, la plus ◼ile, la
plus conforme à tous les Gouvernemens,
aux différens rapports des peuples, il
faudroit, ce semble, distinguer trois cas
particuliers : lorsque le Magistrat ou le
Juge accepte un présent après avoir
rempli ses fonctions, c'est-à-dire, après

---

(2) *Si quis eorum qui Rempublicam gerunt, dona
acceperit, capite luito, aut ejus, quod accepit, mu-
neris decuplum pendito.* (*Dinarch. in Demosth.*)

(2) *Leg. 7, §. hodie, ff. ad leg. Jul. repetundarum.*
C'étoit un reste de la disposition des lois des douze Tables relative à cet objet. Voici le fragment indiqué par
Cécilius dans Aulu-Gelle, liv. 20, chap. 1. *Seï. Judex.
arbiter. ve. jure. datus. ob. rem. dicendam. pecuniam.
accepsit. capital. estod.* Suivant l'esprit de ces anciennes
lois, les Magistrats & tous ceux qui exerçoient quelque
office public, devoient prêter serment de ne point recevoir de présens, ni pendant l'exercice de leurs charges,
ni après, pour tous les objets relatifs à leurs fonctions.
Leg. pen. cod. ad leg. Jul. repetund.

Tome *V.*   E

le jugement ; lorfqu'il le reçoit auparavant, mais fans que cela lui faffe violer
la juftice ; lorfqu'il le reçoit ou promet
de le recevoir, dans le deffein de commettre une injuftice. Une peine pécuniaire fuffira dans le premier cas ; dans
le fecond, il faudra joindre à cette peine
la perte de la charge & l'infamie ; & dans
le troifième, à la perte de la charge & à
l'infamie, la peine du talion. Dans les
matières civiles , le talion frappera
fur les biens du Magiftrat ; & dans les
matières criminelles , fur fa perfonne.
Voilà comment l'on pourroit punir la
vénalité des Magiftrats & des Juges,
fuivant les trois degrés de dol dont elle
eft fufceptible.

Enfin la juftice publique a befoin de
quelques Miniftres fubalternes pour faire
exécuter les ordres des Magiftrats & des
Juges ; pour faire comparoître, arrêter &
garder les perfonnes qu'ils appellent en
jugement ; pour exécuter les jugemens
qu'ils ont prononcés. La négligence, la
corruption, la dureté de ces mandataires
doivent fixer d'autant plus l'attention des

lois, que l'état peu honorable de cette classe d'hommes les dispose assez facilement à abuser de leurs fonctions.

Favoriser la fuite d'un accusé qu'ils doivent conduire devant le tribunal, ou qui est confié à leur garde; le traiter avec dureté, pour l'obliger à acheter leurs complaisances; faire un lieu de supplices de ces retraites où la justice est obligée de garder un citoyen qui lui est devenu suspect, mais qui n'est pas encore déclaré coupable; augmenter ou diminuer la peine prononcée par les Juges : tels sont les délits que peuvent commettre les Ministres subalternes de la justice, d'après le plan que nous avons tracé pour les matières criminelles, & d'après celui que nous tracerons pour les affaires civiles, dans lesquelles ils ne peuvent avoir, selon nous, aucune influence sur la découverte de la vérité.

Titre II.

Des délits contre la tranquillité publique.

La tranquillité civile est le prix du

facrifice de l'indépendance naturelle.
Celui qui l'attaque, prive les hommes
du bienfait le plus précieux de la fociété.
C'eſt un grand mal de troubler la tranquillité particulière; mais c'eſt un bien
plus grand mal de porter atteinte à la
tranquillité publique. Je comprendrai
fous ce titre toutes les actions qui concourent directement à cet effet.

Un attroupement tumultueux, dont
le but eſt d'obtenir quelque objet contraire aux lois, ou de faire réuſſir, par
la force & le défordre, une prétention
légitime, eſt un délit contre la tranquillité publique. La loi, qui doit s'occuper
à prévenir les délits, plutôt qu'à les punir,
doit accorder toute fon indulgence à ceux
qui, d'après un ordre du Magiſtrat ou de
quelque Miniſtre fubalterne de la juſtice,
fe font retirés paifiblement chez eux; elle
doit encore fixer le nombre de perfonnes
qu'on peut appeler un attroupement; elle
doit mettre de la différence entre les
Chefs, & ceux qui ne font que compofer
l'affemblée; elle doit enfin diſtinguer,
relativement à la détermination de la

peine, un attroupement deftiné à obtenir
un objet illégal, de celui dont l'objet eft
légitime, mais foutenu par des moyens
injuftes & violens.

Les autres délits contre la tranquillité
publique font les voies de fait fur les
chemins & dans les rues, foit pour dérober, foit pour tuer, foit pour infulter
les femmes & les hommes qui les traver-
fent. Il eft abfurde & dangereux de confondre fous la même peine des délits fi
différens. Nous avons ailleurs combattu
cette injuftice, qui exifte encore chez
plufieurs peuples de l'Europe ; nous
avons montré qu'il ne faut pas ôter au
voleur l'intérêt qu'il a de ne pas devenir
affaffin ; que punir du même fupplice le
vol & l'affaffinat, c'eft inviter un fcélérat
à commettre deux crimes à la fois ; qu'une
telle difpofition eft contraire à la juftice
& à la tranquillité publique. Les lois romaines mirent de la différence entre les
peines de ces trois efpèces de délits (1).

____

(1) *Leg.* 1, *ff. de effractor.; leg.* 28, §. 10, *ff. de
pœn.; leg.* 15, *ff. cod.*

E 3

La guerre civile eſt un autre délit contre la tranquillité publique. Lorſqu'une partie des citoyens s'arme contre l'autre ; lorſque deux ennemis puiſſans viennent, à la tête de leurs ſatellites, faire couler des flots de ſang au milieu de la cité, l'ordre public eſt bouleverſé, le corps ſocial eſt prêt à ſe diſſoudre. Toutes les factions ſont foibles à leur origine, mais elles s'accroiſſent & ſe fortiſient en peu de temps. Nées du choc des intérêts particuliers, elles finiſſent par diviſer la Nation entière. Elles ſont funeſtes ſous quelque point de vue qu'on les conſidère, puiſqu'elles ſont directement contraires à l'objet de la ſociété, c'eſt à dire, à la paiſible communication des hommes. Lorſque le temps leur a une fois donné de la force, une partie de la ſociété perd l'appui qu'elle devoit trouver dans l'autre ; le lien ſocial ſe rompt ; la diſcorde & le trouble déſolent l'Etat. Les factions verte & bleue ſous l'empire de Juſtinien, les Guelphes & les Gibelins en Italie, les Wihgs & les Torys en Angleterre, les factions de

Guise & de Montmorenci en France, vivront éternellement dans l'histoire des malheurs des peuples, & seront, pour les Chefs des empires, des exemples terribles de tous les genres de maux qui menacent un Etat où on a laissé une faction se fortifier & s'étendre.

Dans les Monarchies, ce désordre est plus rare que dans les Républiques ; au moins est-il plus facile de le prévenir. L'autorité du Monarque suffit pour étouffer ces premiers mouvemens. Une faction, dans la Monarchie, est le signe de la négligence du Gouvernement. Pour peu que l'administration soit attentive, elle peut prévenir cet événement par une foule de moyens ; elle peut l'arrêter à sa naissance. Il n'en est pas de même des Républiques ; le pouvoir y réside tout entier dans les mains des factieux ; les premiers Magistrats, les dépositaires des lois peuvent être les Chefs du parti.

Le Souverain lui-même, Sénat ou peuple, est exposé aux mêmes divisions. La loi, bien différente de l'administration, n'a pas la force de les prévenir ;

elle ne réconcilie pas deux ennemis puiffans. Elle peut bien prononcer des peines
contre ceux qui s'attaquent, mais non
contre ceux qui fe haïffent ; elle peut
punir des factieux qui en viennent aux
mains, elle ne peut punir une faction qui fe
forme. Le pouvoir de la loi ne commence
que lorfque le mal eft parvenu à fon dernier
période ; & alors le remède eft fouvent
inutile. C'eft donc là un inconvénient
néceffaire des conftitutions républicaines,
& le moyen imaginé par Solon en eft une
preuve convaincante. Il condamna à l'infamie le citoyen qui, dans des temps de
trouble, n'entroit pas dans l'un des deux
partis (1) : la neutralité étoit un crime.
Ce Légiflateur fentit qu'il falloit rendre le
mal univerfel, pour en diminuer les effets ;
qu'il falloit mêler les citoyens les plus
vertueux dans les factions, afin qu'elles
fuffent moins funeftes ; qu'il étoit
néceffaire de créer hors du Gouvernement, & au milieu du trouble même,

---

(1) *Si quis in factione non alterius utrius partis
fuerit, ignominius efto.* (*Plutar. in Solon*).

une force qui rétablît l'ordre & la tranquillité. Cette loi eſt admirable ; c'eſt la meilleure qu'on pût imaginer : mais la violence de ce remède ne nous atteſte-t-elle pas le vice du Gouvernement?

Les aſſemblées illicites & les aſſociations clandeſtines ſont un autre délit contre la tranquillité générale. L'ordre public exige que l'on prévienne les cauſes des déſordres. La loi qui excite le citoyen à être utile à ſa patrie, doit lui ôter, autant qu'elle le peut, les moyens de lui nuire. Les aſſociations de pluſieurs hommes, relativement à un objet commun, ſont toujours ſuſpectes à l'Etat, lorſqu'elles ne ſont pas dirigées ou approuvées par la loi. Dans les pays les plus libres, les lois ont cru devoir déployer à ce ſujet toute leur vigilance & toute leur rigueur. A Rome, une aſſemblée ne pouvoit ſe former que d'après la convocation du Magiſtrat chargé de la préſider (1) ; & dès les premiers temps

____

(2) *Majores veſtri* (dit **Tite-Live**, *lib.* 39, *cap.* 15).

de la République, les assemblées nocturnes & les associations clandestines
furent sévèrement prohibées (1). Dans
des temps postérieurs, les myftères de
Bacchus juftifièrent bien la févérité de
ces anciennes lois. Le voile impéné-
trable qui les enveloppoit étoit deftiné à cacher tout ce que la perverfité
humaine peut offrir de plus obfcène
& de plus horrible (2). Mais la loi, qui

---

ne vos quidem , nifi cum aut vexillo in arce pofito co-
mitiorum gratia exercitus edictus effet , aut plebi
confilium tribuni edixiffent, aut aliquis ex Magiftra-
tibus ad concionem vocaffet , forte temere coire volue-
runt & ubicumque multitudo effet , ibi & legitimum
multitudinis rectorem cenfebant debere effe.

(1) Nous avons rapporté plus haut, chapitre 46, le
paffage de Porcius-Latro, qui nous a confervé les difpofitions des lois des douze Tables, & de la loi Gabinia fur
ces objets.

(2) La peinture qu'en fait Tite-Live eft affreufe.
Primo facrarium id feminarum fuiffe , & interdiu
Bacchis initiatas ; poft permiftos feminis viros &
licentiam noctis accepiffe ; nihil ibi facinoris , nihil
flagitii prætermiffum ; plura virorum inter fefe quam
feminarum effe ftupra. Si qui minus patientes dede-

doit punir les affociations clandeftines & dangereufes , doit-elle défendre toute efpèce d'affociation ? L'excès de la négligence & l'excès de la défiance ne font-ils pas également funeftes ? Si l'un expofe l'Etat aux dangers de l'anarchie, l'autre ne le foumet-il pas au joug du defpotifme ? Lorfque le Gouvernement peut s'affurer de l'honnêteté d'une affociation , quand même les membres qui la compofent fe feroient impofé la loi du fecret, n'y a-t-il pas de la tyrannie à la prohiber ? Les plaifirs innocens qu'un homme trouve dans une réunion avec d'autres hommes , doivent-ils donc infpirer de l'effroi au Gouvernement, & exciter la vigilance des lois ? L'Egypte , la Perfe & la Grèce ne refpectèrent-elles pas le fecret de leurs initiés ? Le voile qui couvroit les myftères d'Ifis, de Mithra, de Cérès, les rendit-il fufpects aux Légiflateurs de ces peuples ? La loi d'Athènes, loin de les profcrire, ne puniffoit-elle

---

coris , & pigriores ad facinus pro victimis immolari. lib. 39 , cap. 13.

pas avec la plus grande févérité celui qui ofoit les révéler (1) ? Le caractère des perfonnes qui forment une fociété, fuffit au Gouvernement pour en connoître l'efprit & l'objet. Vouloir tout permettre, vouloir tout défendre ; ignorer tout, chercher à tout favoir, font, dans le Gouvernement, des fignes de foibleffe & d'imperfection : on ne peut faire un pas hors du chemin de la liberté, fans entrer dans celui de la tyrannie.

Voici les autres délits qui doivent être compris fous ce titre. Chercher à obtenir de l'argent par des lettres, ou par d'autres moyens, avec menaces de tuer ou de mettre le feu à la maifon en cas de refus ; répandre des prédictions ou des préfages funeftes, pour épouvanter & féduire le vulgaire crédule ; fe battre ou mettre l'épée à la main dans un lieu ou dans un temps deftiné aux affaires publiques, aux plaifirs publics (2) ; préférer

____

(1) *Qui myfteria vulgarit, ei capital efto.* Sam. Petit. Traité des lois d'Athènes, tit. 1, liv. 15.

(2) A Athènes, celui qui troubloit l'ordre du théâtre,

aux moyens paisibles & ordinaires de la justice & des lois, ceux de la violence pour s'emparer d'un bien, le recouvrer, ou le retenir (1) ; répandre la crainte & l'épouvante, en portant des armes prohibées par les lois (2) : tels sont

en étoit chassé par les Ministres de l'Archonte qui y présidoit ; & s'il refusoit d'obéir, on le punissoit d'une peine pécuniaire. Une simple querelle de paroles, une dispute de préférence pour la place suffisoit pour soumettre à toute la rigueur de la loi. Voyez dans la collection des lois d'Athènes, par Petit, tit. 1, les lois 35, 36, 38.

(1) Les dispositions du Droit romain sur cet objet sont dans les lois suivantes. *Leg. qui cœtu* 5 , *ff. ad leg. Jul. de vi publicâ ; leg. si quis* 5 , *ff. ad leg. Jul. de vi privatâ ; leg. si creditor ult. ff. eod. ; leg. jubemus* 1 , *eod. de privatis carceribus inhiben.*

(2) Quoi qu'en dise l'auteur du Traité des délits & des peines, je vois que le port des armes au milieu des villes a été défendu dans les pays où la liberté civile & la sûreté ont été le plus respectées. Voici la disposition de la loi d'Athènes à cet égard. *Si quis intrà urbem, nullâ necessitate cogente, ferro accinctus, armisque instructus, prodierit, multator.* Cette loi de Solon se trouve dans l'Anacharsis de Lucien. La même défense existoit à Rome pendant la liberté de la République ; elle fut encore portée plus loin sous les Empereurs. Voy. *Sigonius*

les autres délits contre la tranquillité publique.

TITRE III.

Des délits contre la sûreté publique.

Le plus funeste de ces délits est la communication de la peste. Toutes les Nations de l'Europe ont des lois pour prévenir ce mal, & ces lois font relatives à leur situation locale, & aux autres circonstances particulières de leur industrie & de leur commerce. Les violations de ces lois font des délits contre la sûreté publique : le plus considérable de tous est celui par lequel on viole la loi qui a une relation plus immédiate avec le mal

---

de judiciis, lib. 2 *, cap.* 33 *; Mathæus, comment. ad lib.* 48 *, ff. tit.* 4 *, cap.* 1 *, n.* 4 ; & l'excellent ouvrage de M. Crémani, *de jure criminali,* lib. 1 , p. 3 , cap. 4, *de vi publicâ & privatâ.* On doit permettre le port d'armes à ceux qui voyagent ; il ne faut pas ôter au voyageur un moyen de défense, & au voleur, un motif de crainte. Dans les villes, le citoyen est assez bien défendu par le Gouvernement, pour n'avoir pas besoin de s'armer. La loi de Solon ne défendoit les armes que dans la ville.

que l'on veut empêcher. Je ne puis m'exprimer ici qu'en termes généraux, parce que, comme je l'ai dit, les difpofitions des lois relatives à cet objet dépendent prefque entièrement de la fituation locale du pays, & de fes autres rapports politiques & économiques. Ce que j'en ai dit fuffira pour indiquer la différence de la fanction pénale de ces lois ; & il feroit inutile de parler de la différence de ces peines, fuivant les divers degrés de faute & de dol.

La diftribution des poifons eft un autre délit contre la fûreté publique. Celui qui fe fert du poifon pour tuer un autre homme, eft un homicide ; & fon délit ne doit pas être compris dans cette claffe : il attente à la vie d'un particulier ; mais celui qui fait des poifons un objet de commerce, attente, pour ainfi dire, à la vie publique (1).

---

(1) Les lois des douze Tables donnoient le nom de parricide, & à celui qui compofoit le poifon, & à celui qui le donnoit. *Qui. malum. venenum. faxit. diit. ve.*

On peut mettre dans la même claſſe de délits la préparation ou la vente de ces boiſſons propres à faire avorter, dont les déſordres des femmes rendent aujourd'hui l'uſage ſi commun. Ce délit eſt atroce, puiſqu'il doit produire un parricide, & que l'auteur de pareilles préparations ne peut l'ignorer (1).

L'incendie produit par des moyens directs ou indirects, eſt un autre délit contre la ſûreté publique. Il a pour objet les perſonnes & les choſes, la vie & la propriété. L'incendie d'un lieu public eſt un délit plus grave que l'incendie d'une ſimple maiſon; l'incendie d'une maiſon de ville eſt un délit plus grave que l'incendie

---

parricida. eſtod. Voy. le paſſage de *Feſtus*, à la fin de la lettre P. dont Scaliger a rempli les lacunes. Les règles que nous avons établies ci-deſſus pour déterminer les différens degrés de chaque délit, nous diſpenſent d'entrer dans tous les détails que l'on retrouve dans la loi *Cornelia de Veneficiis*, & dans les Sénatus-Conſultes qui l'interprètent.

(1) Je ne parle dans ce titre que des diſtributeurs de poiſons, ou des boiſſons deſtinées à faire avorter. Le délit de ceux qui s'en ſervent doit être mis dans une autre claſſe.

d'une

d'une maifon de campagne ; l'incendie
d'un vignoble, d'un bois ifolé, eft un
délit moins grave que l'incendie d'un
lieu où le feu peut s'étendre & produire
un embrafement général. La loi doit
donc foigneufement diftinguer l'incendie
qui ne peut faire de mal qu'à celui contre
qui il eft uniquement dirigé, & l'incendie
qui peut ruiner un canton tout entier,
ou une grande partie du territoire. Le
délit eft moindre dans le premier cas,
parce que le pacte que l'on viole a moins
d'influence que le fecond fur l'ordre
public.

Enfin le dernier délit de cette claffe
eft la vente des denrées mal-faines &
gâtées : fouvent des maladies épidémi-
ques n'ont pas eu d'autre caufe. La fanction des lois doit s'unir ici à la vigilance
de l'adminiftration, pour prévenir les
effets de l'avarice & de la cupidité des
vendeurs. Les lois d'Angleterre n'ont pas
négligé cet objet intéreffant (1).

---

(1) Voyez le ftatut 51 d'Henri III, chapitre 6 ; & le
ftatut 12 de Charles II, chapitre 25.

Tome V.   F

Titre IV.

Des délits contre le commerce public.

La plupart des délits relatifs à cet objet ne doivent leur exiſtence qu'aux vices des lois. Si l'adminiſtration intérieure des états étoit fondée ſur les principes que nous avons expoſés & développés dans le ſecond livre de cet ouvrage, on verroit diſparoître une grande partie de cette eſpece de délits, punis aujourd'hui par les lois mêmes qui les font naître. Qu'on détruiſe tous les obſtacles qui arrêtent le commerce intérieur & extérieur d'une Nation, aura-t-on beſoin de punir le *monopole* pour l'empêcher ? Qu'on laiſſe ſubſiſter au contraire tous ces obſtacles, arrêtera-t-on le monopole en le puniſſant ? Rétabliſſez la liberté naturelle de l'importation & de l'exportation de toutes les denrées, & il ne vous faudra pas imaginer des lois abſurdes pour punir ceux qui cachent ou laiſſent s'anéantir une partie de leurs denrées, afin de vendre l'autre plus cher (1). L'intérêt sera bien plus puissant que vos lois, & il ne produira pas, comme elles, des vexations de toute espèce. En réformant le système des impôts, en rendant la liberté générale, en établissant le grand, le salutaire système de l'impôt direct, vous n'aurez plus de contrebandes à punir, ni de fraudes à réprimer (2); vous empêcherez la loi de devenir une source d'abus. La main protectrice du Gouvernement n'épouvantera plus, par la mort ou par l'esclavage, le citoyen industrieux & le spéculateur hardi; elle ne créera plus, elle ne soutiendra plus cette affreuse Jurisprudence des douanes, autorisée à prononcer les peines les plus terribles contre l'avidité qui les brave avec dédain,

____

(1) Cette loi existe dans le Droit commun. Voyez le digeste, au titre *leg. Jul. de annonâ.*

(2) Si toutes les impositions étoient réduites à un impôt unique sur les fonds, il suffiroit, pour punir ce délit, de condamner le fraudeur au double de sa quotité. En parlant de l'impôt direct, j'ai assez montré la simplicité de la perception & les moyens d'éviter les fraudes. Voy. le liv. 2, tit. 2, chap. 30.

au même moment qu'elles foumettent à
une détention rigoureuſe & aux plus viles
humiliations, l'honnête homme qui ne
peut acheter l'impunité de ſon prétendu
délit. Sans remplir l'Etat de coupables,
de victimes, de violations, d'attentats
& de ſupplices, elle ſaura pourvoir à la
ſubſiſtance du peuple, par la liberté du
commerce, & à la perception des impôts,
par la ſimplicité & l'exactitude de la
contribution.

Si la propriété étoit reſpectée par les
lois, condamneroit-on comme coupable
le propriétaire qui ne veut pas vendre à
un prix modéré les produits de ſon ſol ou
de ſon induſtrie? Une diſpoſition des lois
romaines ſur cet objet (1) ne paroîtroit-
elle pas, aux yeux du Légiſlateur Philo-
ſophe, une abſurdité révoltante?

Si les droits de la propriété perſonnelle étoient reſpectés par nos lois; ſi on
abandonnoit la perfection des arts à la
liberté de l'induſtrie, à l'émulation de la

____

(1) *Leg.* 1, *ff. ad leg. Jul. de annonâ; & leg. an-*
nonam 6, de extr. crim.

concurrence; fi les corporations des arts & des métiers étoient entièrement fupprimées, comme on l'a propofé, combien de délits difparoîtroient du code criminel (1)! Je ne parlerai donc dans ce titre d'aucun de ces délits, parce qu'il ne doit pas en exifter un feul de ce genre dans un plan de Légiflation formé d'après les principes établis ci-deffus. Je ne parlerai pas non plus des banqueroutes frauduleufes qui doivent être placées dans la claffe des délits contre la foi publique. Je ne parlerai que de la dégradation des chemins, de l'altération des monnoies, de la falfification des lettres de change, de l'ufage des poids & mefures frauduleux : ce font là de véritables délits contre le commerce public. Le premier de ces délits trouble le commerce, foit en l'interceptant, foit en rendant extrêmement difficile la communication que les routes publiques font deftinées à maintenir & à accélérer. Le fecond produit les

____

(1) La Novelle 122 de Juftinien renferme les léfions les plus énormes de la propriété perfonnelle.

mêmes effets, en altérant les signes re-
préfentatifs des valeurs, fans lefquels, le
commerce étant reftreint dans les bornes
des échanges, les hommes retourne-
roient à l'état de leurs barbares aïeux.
Perfonne n'ignore les maux que peut
caufer au commerce intérieur & extérieur la falfification & l'altération des
monnoies; mais perfonne n'ignore auffi
combien les lois fe font peu occupées de
diftinguer les délits relatifs à cet objet,
& avec quelle févérité elles les ont punis.
Celui qui diminue le poids des monnoies
frappées par l'autorité publique; celui
qui les falfifie ou les rogne; celui qui en
diminue la valeur en les fabriquant, ou
celui qui les fabrique fans en altérer la
valeur, pourvu qu'elles foient d'or & d'argent; tous font regardés comme coupables du même délit. La loi Cornélia,
que Cicéron appelle (1) *Teftamentaria* &
Numeraria, confondit, la premiere, des
délits fi différens (2).

---

(1) *Cicer. in Verrem. orat.* 3.

(2) Cette loi de Sylla concerne les différens crimes de

Mais Sylla se contenta de prononcer l'interdiction de l'eau & du feu contre ceux qui étoient coupables de ces délits (1). Ce ne fut que dans les temps postérieurs que l'on ordonna la condamnation aux bêtes féroces, au gibet, & au feu (2).

La Législation de la plus grande partie de l'Europe, relativement à ces délits, a été formée sur cette loi de Sylla, & sur les lois postérieures de Rome. Les Législateurs modernes ont prononcé indistinctement la peine de mort contre tous les délits dont nous venons de par-

---

faux. Voici l'article relatif à la fabrication des monnoies. *Prætor qui ex hac lege (id est de falso) quæret, de ejus capite quærito, qui nummos aureos partim tinxerit vel finxerit; qui in aurum vitii quid indiderit ; qui argenteos nummos adulterinos flaverit ; qui cum prohibere tale quid posset, non prohibuit; qui nummos stanneos, plumbeos emerit, vendiderit dolo malo, eique damnato aqua & igni interdicito.*

(1) *Sigonius, de judiciis, lib. 2, cap. 32.*

(2) *Leg. quicumque, 8, ff. ad leg. Cornel. de falsis; leg. 9, ff. eod.; leg. si quis, 2, cod. de falsâ monetâ.*

ler (1). Ils n'ont pas fenti que celui qui frappe une fauſſe monnoie, en lui donnant la valeur de la bonne monnoie, ne viole qu'un feul pacte ; mais que celui qui lui donne une valeur moindre, viole deux pactes à la fois. Ils n'ont pas vu que dans le premier cas on ne porte qu'un léger préjudice aux intérêts du fifc, en le privant des profits du monnoyage ; & que dans le fecond , on joint à ce mal un mal encore plus grand , qui eſt la fraude publique & le défordre dans le commerce. Ils n'ont pas vu que celui qui altère la valeur des monnoies frappées par l'autorité publique, eſt moins coupable que celui qui les frappe fans leur donner leur vraie valeur. La juſtice, l'intérêt public exigent également une différence dans la

---

(1) On trouve dans les conſtitutions de Naples des peines différentes contre ces délits. La loi de Roger condamne celui qui fabrique de la fauſſe monnoie à être puni de mort, & à la confifcation des biens ; celui qui rogne les bonnes monnoies , à être vendu publiquement avec toute fa fortune. Voyez, dans la collection des lois barbares de Lindembrock , les conſtitutions de Sicile, liv. 3 , tit. 40 , §. 2 , chap. 3.

fanction pénale. Voici quelle eft la jufte
progreffion qu'on pourroit établir d'après
les principes précédens. Frapper une
fauffe monnoie & lui donner une valeur
au deffous de la vraie, eft le plus grand,
le premier de cette efpèce de délits.
Altérer la valeur des bonnes monnoies,
foit en les rognant, foit par tout autre
moyen, eft le fecond délit. Les frapper
fans diminuer leur valeur intrinsèque,
eft le troifième délit. Enfin, diftribuer
dans le public, de concert avec le fabri-
cateur, des monnoies qu'il a frappées ou
altérées, c'eft commettre un délit qui
doit être puni de la même peine que le
délit de fabrication, c'eft-à-dire, de la
peine du premier, ou du fecond, ou du
troifième cas, relativement à la valeur
du délit dont on fe rend complice. Quant
aux monnoies d'une efpèce inférieure, la
peine devroit être plus légère, foit parce
que le gain qu'on peut efpérer en les fal-
fifiant ou en les altérant étant moins confidérable, il ne faudroit pas oppofer à ce
délit le même obftacle; foit parce que

le préjudice qu'en reçoit la société est beaucoup moindre.

La falsification des lettres de change porte atteinte à la sûreté du commerce ; elle doit donc exciter toute la vigilance des lois. En Angleterre, ce délit est puni de mort ; & il est sans exemple que le coupable ait échappé à la peine , en obtenant sa grace du Roi. L'intérêt du commerce exige sans doute que le Gouvernement soit inflexible à cet égard ; mais il ne peut justifier l'excessive rigueur de la loi. Une peine plus modérée produira le même effet. Il n'est pas nécessaire, pour réprimer les délits, de franchir les bornes de la modération, & de violer toute proportion entre la peine & le crime.

Le dernier délit contre le commerce public est l'usage des mesures & poids frauduleux : l'exil, joint au payement du double , telle est la peine que le droit commun prononce contre ce délit (1). Il

____

(1) *Leg. hodie* 32, *ff. ad leg. Corneliam de falsis.*

femble qu'une peine abfolument pécuniaire feroit plus analogue à la nature de ce délit ; elle réfulteroit des principes que nous avons établis ci-deffus, en parlant de l'emploi de cette efpèce de peines. L'uniformité des poids & des mefures dans un État pourroit contribuer plus que la peine même à prévenir ce délit.

TITRE V.

Des délits contre le fifc.

En adoptant le fyftême d'économie politique que j'ai expofé dans cet Ouvrage, les délits contre le commerce public fe réduiroient à quatre ; les délits relatifs au revenu public fe réduiroient à deux, au *péculat* & à la *fraude*. Le péculat eft un vol public pofitif ; la fraude eft un vol public négatif. Si le péculat eft commis par les adminiftrateurs ou les dépofitaires du revenu public, c'eft un délit dont la qualité eft différente de celui dont il s'agit ici. Le dépofitaire, l'adminiftrateur joint au vol l'abus de la confiance publique. Voilà pourquoi je placerai ce délit dans la classe de ceux qui violent la confiance publique. Le péculat dont je parle ici est celui que commet un homme qui n'est ni dépositaire, ni administrateur, ni receveur des deniers publics. Les lois romaines distinguent ces deux espèces de délits ; elles donnent à l'un le nom général *pecu-latum*, à l'autre, le nom *de residuis* (1). Passons à la *fraude*.

Si l'on adoptoit le système de l'impôt direct, la fraude se réduiroit à cacher la valeur ou l'étendue des fonds, pour priver le trésor public d'une partie de la contribution qui lui appartient. On pourroit trouver, dans une disposition particulière des lois d'Athènes, le moyen

---

(1) *Leg.* 9, § 2 ; *& leg.* 4, §. 3, 4, 5, *ff. ad leg. Jul. peculat.* Voyez Cujas, *ad cod. lib.* 9, *tit.* 28 ; Duaren, *in comment. ad Pandect. tit. ad leg. Jul. peculat.*, *cap.* 1 *& cap.* 4. Tout ce qu'il y avoit de commun entre ces deux délits, c'est que la question du péculat & celle *de residuis* étoient confiées au même Préteur. Voyez le passage d'Asconius, *in Cornelian.* dans *Sigonius, de judiciis, lib.* 2, *cap.* 29.

de prévenir & de punir tout à la fois ce délit : ce moyen confiſtoit dans *l'échange des fortunes*. Les contributions publiques étoient réparties dans chaque tribu ; & les riches ſupportoient la charge la plus forte. Si , dans cette répartition , on bleſſoit les lois de la juſtice, en épargnant le plus riche, & ſurchargeant le plus pauvre, celui-ci avoit le droit de réclamer, & de prouver que la fortune de l'autre étoit plus conſidérable que la ſienne. Si celui qu'on avoit ménagé dans la répartition convenoit de la ſupériorité de ſa fortune, la charge du plus pauvre retomboit ſur lui, & tout étoit fini : mais s'il vouloit cacher l'état de ſa fortune , l'accuſateur l'échangeoit avec la ſienne, & l'accuſé ne pouvoit s'y refuſer (1).

____

(1) *Quot annis ad facultatum permutationes provocanto. Sepoſitus ad obeunda munera claſſe ſuâ excedito, ſi quem ſe locupletiorem vocantem oſtenderit. Si is qui deſignatus eſt , locupletiorem ſe eſſe faſſus ſit, in trecentos alterius loco refertor ; ſi neget, facultates inter ſe permutanto.* (*Demoſth. in Leptin. & Phænipp.*) L'accuſateur mettoit le ſcellé ſur la maiſon de l'accuſé, afin qu'on n'en enlevât pas les richeſſes

Pour adapter cette inſtitution à notre plan, il ſuffiroit de la modifier. Comme la taxe ſur les fonds doit être fixe & permanente, le Légiſlateur laiſſera à chaque citoyen, pendant une année entière, à compter du jour où la répartition aura été fixée, la liberté d'accuſer le propriétaire qui a caché, dans ſa déclaration, une partie de la valeur ou de l'étendue de ſon fonds; & ſi l'accuſation ſe trouve vraie, celui-ci doit être obligé de le céder à l'accuſateur, ſur le pied de la valeur & de l'étendue qu'il a déclarées. Ainſi, le propriétaire, ayant la certitude de perdre une partie de ſa fortune s'il commettoit quelque fraude, deviendroit lui-même le plus ſévère eſtimateur de ſes biens.

T i t r e V I.

Des délits contre la continence publique.

Si les lois criminelles ne peuvent

---

qui y étoient enfermées. *Ejus qui ad facultatum permutationem provocatus eſt, ædes obſignator.*

former les mœurs d'un peuple ; elles
peuvent au moins contribuer à en maintenir la pureté. La corruption ne devient
générale qu'au moment où la perverfité
particulière élude la rigueur des lois,
obligées de la tolérer. Ce n'eft pas la
cenfure qui créa dans Rome les gens
vertueux, mais fans elle la vertu y auroit
brillé moins de temps. L'objet de cette
magiftrature étoit, non de faire naître
les Héros, mais d'empêcher qu'ils ne fe
corrompiffent. Telle eft l'efpèce d'influence que les lois pénales ont fur les
mœurs publiques. Elles doivent donc,
pour conferver les mœurs, punir les
délits contre la continence publique ou
particulière, c'eft-à-dire, contre la police établie dans l'Etat fur les moyens de
jouir des plaifirs des fens.

Les mariages clandeftins, inceftueux,
contractés avec mauvaife foi ; la poly-
gamie, la polyandrie, dans les lieux où
elles font prohibées ; le concubinage, la
proftitution, & tous les délits que l'on
appelle du nom général de crimes contre
nature, font compris fous ce titre. Je ne

parle pas ici de l'adultère, du rapt, du viol, de l'incefte, & de la corruption entre parens, parce que ces délits feront placés dans une autre claffe.

Les lois qui prefcrivent la folennité des mariages, afin d'affurer l'état des époux & celui des enfans, & prévenir les fuites funeftes de la féduction & de la mauvaife foi; les lois qui, pour maintenir l'ordre intérieur des familles, pour multiplier les liens qui naiffent des mariages, &, pour d'autres raifons, déterminent les degrés de parenté où le mariage n'eft plus permis; les lois qui, d'après les principes de la Religion, & pour l'intérêt public, établiffent l'union de deux individus; les lois qui confidèrent les Miniftres de la volupté comme les principaux auteurs de l'incontinence publique, & regardent le concubinage comme la fource de la corruption des mœurs & de la dépopulation; les lois qui voient dans la proftitution un mal qu'on ne peut détruire, mais dont il eft poffible d'affoiblir l'impétuofité, en condamnant à l'infamie & à la perte d'une partie
confidérable

considérable des droits de la cité, les femmes qui s'y livrent par métier; enfin les lois qui s'efforcent d'arrêter les progrès d'un vice qui dégrade l'humanité, trouble la marche de la nature, & menace la population; toutes ces lois, établies pour conserver les mœurs publiques, sont violées par les délits renfermés sous ce titre (1). A Rome, à Sparte, à Athènes, dans tous les pays où les Législateurs ont senti l'influence des bonnes mœurs sur la liberté civile, ces délits ont fixé l'attention & la vigilance des lois. C'est une très-grande erreur de croire que les lois de la Crète permissent le crime contre nature, & que ce crime se commît impunément dans les autres Républiques de la Grèce. Un Auteur célè-

____

(1) On ne doit pas certainement punir ces délits par la peine de mort; l'infamie, la perte ou la suspension des prérogatives de la cité, la privation de la liberté personnelle, &c., sont les peines les plus propres à ce genre de délits. Nos codes sont bien loin d'offrir de telles dispositions; leur rigueur atroce, en forçant le Magistrat à l'impunité, étend & multiplie des vices que des lois modérées réprimeroient aisément.

Tome V.   G

bre (1) a montré en quoi confistoit chez ces peuples l'amour des enfans, & il a juftifié avec force l'antiquité fur ce point. Ce n'étoit pas la beauté du corps, dit Strabon (2), qui excitoit en Crète, l'amour pour les enfans; les qualités de l'ame, l'ingénuité, l'innocence, l'énergie de l'efprit, la force du corps infpiroient feules cette paffion vertueufe. Il étoit honteux pour un enfant de ne point avoir d'amant; c'étoit une preuve de fon mauvais caractère & de la corruption de fes mœurs (3).

A Sparte, où la loi ordonnoit même l'amour des enfans, le moindre attentat contre la plus auftère pudeur étoit puni par l'infamie & par la perte des prérogatives de la cité (4).

Un enfant, dit Plutarque (5), peut

______

(1) Maxime de Tyr, differt. 10.

(2) Strabon, liv. 10.

(3) *Potter, archælog. græc. lib. 4, cap. 9.*

(4) *Xénophon, de Republ. Lacedæm.; & Plutarch. inftit. Lacon.*

(5) *Plutar. in Licurgo,*

avoir plufieurs amans, fans que ceux-ci foient jaloux les uns des autres. Leur objet étoit d'élever cet enfant, de familiarifer fon efprit & fon cœur avec l'amour & la pratique de la vertu. Tous fes délits, toutes fes fautes retomboient fur l'amant, & tournoient à fa honte; il en fupportoit même la punition. C'eft ce qu'attefte un fait qui nous a été tranfmis par Elien (1). Cet amour ne s'éteignoit pas avec l'âge; l'enfant, parvenu à l'état d'homme, demeuroit toujours foumis aux confeils & aux inftruction de fon amant (2). Enfin il fuffit de jeter un coup-d'œil fur la Législation d'Athènes, pour fentir combien l'amour des enfans étoit différent du crime dont je parle ici. Efchine & Démofthène nous ont confervé les différentes difpofitions de ces lois fur cet objet. —

Une loi de Solon défendoit aux efclaves l'amour des enfans libres (3): l'efclave

______

(1) *Ælian. Var. hift. lib.* 13, *cap.* 5.

(2) *Plutar. in vitâ Cleomenis.*

(3) *Servus ingenuum puerum ne amato, neve affectator: qui fecùs faxit, publicé quinquaginta*

ne peut former un homme à la liberté. La loi, qui ne voyoit dans l'amant qu'un inftituteur, ne vouloit pas que le citoyen reçût, dans fon enfance, des fentimens de fervitude.

L'amour des enfans étoit donc permis à Athènes (1); mais l'abus de cet amour y étoit févèrement puni. Le rapt d'un enfant, fait avec violence, étoit puni de mort (2); on formoit une accufation d'impudicité contre le père, le frère, ou le tuteur qui proftituoit l'enfant qu'il avoit fous fa puiffance, ou contre celui qui l'avoit porté à cet acte infame (3). Il

---

plagarum ictus illi inflinguntor. (*Æfchin. in Timarch.*)

(1) Solon lui-même connut cet amour vertueux, comme l'attefte Plutarque dans la Vie de ce Légiflateur.

(2) *Si quis ingenuum puerum aut fœminam produxerit, dicat ei fcribitor; convictus, morte mulctator.* (*Æfchin. in Timarch.*)

(3) *Si quis alium proftituerit, five pater is fit, five frater, five patruus, five tutor, five quis alius, in cujus poteftate fit; adverfus puerum impudicitiæ actio ne efto, fed adverfus illum qui proftituerit & qui conduxerit. Et uterque eamdem pœnam incurrunto.* (*Idem. ibidem.*)

n'étoit pas nécessaire que l'enfant fût citoyen ou libre, pour que le corrupteur éprouvât toute la rigueur de la peine (1). La loi ne voyoit dans ce délit qu'un outrage fait à la nature. Enfin celui qui étoit déclaré coupable d'impudicité, étoit exclus de toutes les charges, dignités, honneurs, & prérogatives de la cité. Il ne pouvoit plus entrer dans les temples publics; il ne pouvoit être ni Prêtre, ni Juge; & s'il osoit violer la loi, il étoit puni de mort (2).

---

(1) *Si quis puerum, aut fœminam, aut hominem, sive ingenuum, sive servum, corruperit, aut opprobrium contrà leges fecerit, dicam ei Atheniensium quivis, cui fas est, scribito, &c.* (*Idem. ibidem. Demosth. Midiana.*)

(2) *Si quis Atheniensium corpus prostituerit, inter novem Archontas ne forte capitor; sacerdotium ne geritò; Syndicum creari fas non esto; Magistratum nullum, sive intrà, sive extrà fines Atticæ gerito, vel sorte captus, vel suffragiis creatus; præco nullum in locum mittitor; sententiam ne dicito; in templa publica ne intrato; neque cum ceteris in pompis coronator; neque intrà fori cancellos ingreditor. Si quis autem impudicitia damnatus legem hanc præter habuerit, capite luito.* (*Æschines, in Timarchum.*)

Tous ces faits, toutes ces lois, tous ces témoignages suffiront, j'espère, pour détruire un préjugé qui a eu & qui a

---

Je crois que l'amour pour les enfans, chez les Grecs, ressembloit à notre *compérage*. Les devoirs du parrain approchent de ceux de l'amant chez ces peuples ; il devoit élever l'enfant, comme le parrain est obligé, par les lois ecclésiastiques, d'élever son filleul, & de lui tenir lieu de père.

Que l'on compare un moment les lois d'Athènes sur cet objet, avec la peine atroce du feu prononcée contre les hommes coupables de ce crime contre nature, par les Empereurs Constance, Constant, & Valentinien. (*Jacob Gothofred. ad leg. Jul. de adult. 6, cod. Theod. tit. ad leg. Jul. de adult.*) Je frémis en voyant une loi si féroce adoptée presque généralement ; je frémis en voyant que la commutation de la peine du feu en celle de la corde est l'unique modification qu'ait éprouvée l'ancienne loi d'Angleterre (Voy. le statut 25 d'Henri VIII, chap. 6.) Lorsque Justinien publia une loi contre ce délit, il se contenta de la déposition d'un seul témoin, quelquefois de celle d'un enfant, quelquefois de celle d'un esclave, pour condamner l'accusé à toute la rigueur de la peine. (Voy. Procope, Histoire secrète.) On diroit que la plupart des Législateurs ont fait des lois, non pour prévenir les délits, mais pour trouver des coupables. En effet, le même Procope dit que les riches & ceux de la faction verte étoient les victimes les plus ordinaires de cette loi.

encore tant de partifans. J'ajouterai à ces autorités une conjecture qui leur donne une nouvelle force. Si l'amour des enfans eût été, dans les Républiques de la Grèce, ce vice honteux contre lequel les lois déployèrent tant de févérité, Socrate, le fage Socrate eût-il nourri dans fon cœur une telle paffion, fans la couvrir des voiles du myftère? Eût-il ainfi bravé ouvertement les lois, pour lefquelles il avoit un refpect fi profond? Son ami, fon difciple, fon panégyrifte, Platon auroit-il condamné ce vice avec horreur? auroit-il appelé homicides du genre humain ceux qui s'y abandonnent, fi fon maître s'en fût fouillé (1)? Callias, Trafymaque, Ariftophane, Anitus, Mélitus, & tous les autres ennemis du plus fage des Grecs auroient-ils, en

____

(1) Voici un paffage de Platon, qui concourt à juftifier fon maître de cette atroce imputation. *Abftinendum igitur à maribus jubeo. Nam qui iftis utuntur, genus hominum dedita opera interficiunt, in lapidem feminantes, ubi radices agere quod feritur, nunquam poterit. (Plato, de legib. dialog. 8.)*

G 4

l'accufant d'une foule de délits imaginaires, négligé de lui reprocher un crime
fi puniffable & fi déshonorant? Leur filence n'eft-il pas une preuve de la pureté
de fes affections (1)?

Je demande pardon au lecteur d'une
digreffion où m'a entraîné l'amour de la
vérité.

Titre VII.

Des délits contre la police publique.

Chaque Nation a des lois de police
qui ont une influence immédiate & directe fur l'ordre public, & dont la violation forme les délits compris fous ce
titre. Telles font les lois qui défendent
quelques efpèces d'actions, qui, d'elles-
mêmes, ne font pas nuifibles à la fociété,
mais qui, par leurs effets, peuvent le
devenir. Par exemple, les lois qui pro-
hibent certains objets de fafte ou de
luxe; qui entretiennent la commodité,

---

(1) Maxime de Tyr, differt. 8, 9, 10, 11.

la décence dans les rues , dans les places , dans les édifices publics ; qui proscrivent les lieux de débauche ; qui veillent fur cette claſſe d'individus oiſiſs , dépourvus de toute ſubſiſtance , & ſans ceſſe occupés des moyens de nuire à la' ſociété. L'Aréopage d'Athènes avoit le droit d'interroger chaque citoyen ſur ſa manière de ſubſiſter (1) : le Magiſtrat de paix , dont nous avons parlé dans la première partie de ce Livre (2), devroit être chargé d'une telle fonction. Tout mendiant, tout oiſif, dans cette claſſe d'hommes qui n'a d'autre patrimoine que ſes bras , devroit être puni par la loi. Il faudroit empêcher une jeuneſſe vigoureuſe de ſe conſumer dans l'inaction , & de tendre avec baſſeſſe à l'opulence une main qui ſeroit utile à

---

(1) Diodore , liv. 1, & Hérodote , liv. 2 , parlent des lois établies en Egypte contre les oiſifs , & qui de là paſſèrent dans la Grèce. Une grande partie des peuples de l'antiquité les a adoptées. Voy. Périzonius *ad Ælian. Var. hiſt. lib.* 4 , *cap.* 1 , *pag.* 328.

(2) Chapitre 19,

l'Etat. Mais avant de punir l'oisiveté &
la mendicité, il faudroit s'occuper à en
diminuer les caufes.

Il faudroit délivrer l'agriculture, les
arts, le commerce, des obftacles qui en
arrêtent les progrès; laiffer à chaque citoyen les moyens d'exifter par un travail
raifonnable; faire écouler dans les cam-
pagnes une partie des richeffes & des
hommes qui s'engouffrent dans les villes;
garantir le foible & le pauvre des op-
preffions du riche & du puiffant; multiplier les propriétaires; réformer enfin un
fyftême d'impofition, qui, rempliffant
l'Etat d'oififs & de mendians, fait de
leur punition un acte d'injuftice. L'oifiveté, la mendicité ne font pas des vices
naturels à l'homme; il eft obligé, en s'y
livrant, de furmonter le grand obftacle, la honte de l'humiliation. Si, après
avoir détruit les caufes de ces vices,
quelque individu, par haîne pour le travail ou par la perverfité du caractère, fe
livre à l'infamie de la mendicité, il doit
être puni par les lois.

TITRE VIII.

Des délits contre l'ordre politique.

L'ordre politique d'un Etat eſt déterminé par les lois fondamentales qui rè-
glent la diſtribution des différentes parties
du pouvoir, les bornes de chaque autorité, les prérogatives des diverſes claſſes
qui compoſent le corps ſocial, les droits
& les devoirs qui naiſſent de cet ordre.
L'étranger qui, dans une République,
s'introduit dans l'aſſemblée du peuple,
ou ſe fait, par fraude, inſcrire dans le
cens civil (1) ; l'eſclave , l'affranchi,

---

(1) On voit par les lois d'Athènes combien ces délits
excitent la vigilance du Légiſlateur dans les Républiques.
L'accuſation établie contre un étranger qui uſurpoit les
droits de citoyen, étoit terrible à Athènes. Démoſthène
(*orat. in Neæram*) nous a conſervé la loi qui permettoit à chaque citoyen d'accuſer l'étranger qui avoit obtenu illégalement, ou s'étoit arrogé le droit de cité. Il
rapporte ailleurs la loi qui privoit l'accuſé du droit de
n'être pas conduit en priſon avant le jugement (préroga-
tive des Athéniens dans toutes les accuſations), & puniſſoit ſon infraction. *Peregrinitatis accuſati in vincula*,

l'infame, ou celui qui, n'ayant pas droit de suffrage, se mêle dans les Comices, lève la main, ou jette dans l'urne un vœu qui peut décider du sort de la Nation ; le Candidat qui, dépourvu des qualités personnelles prescrites par la loi, brigue une magistrature, & cherche à surprendre le peuple, à le corrompre par des présens, par des promesses, par quelque espèce de séduction que ce soit ; l'Orateur ou le Magistrat qui viole les lois de l'assemblée générale ; le citoyen qui s'en absente sans des motifs légitimes ; le Magistrat qui franchit les bornes de son pouvoir ; celui qui méprise ou s'arroge (1) des priviléges accordés par la

---

antequam judicium redflatur , conjiciuntor. Fidejuf-sores dare iis jus non esto. Convicti apud judices venduntor. (*Demosth. in Timocratem.*) Hippéride rapporte une autre loi qui établissoit une exception pour les jugemens de ce délit. Si l'accusé étoit absous, il pouvoit de nouveau être accusé d'avoir corrompu les Juges par des présens. *Absolutum judicio peregrinitatis jus esto cuicumque libuerit accusare corrupti muneri-bus judicii.* (*Hyperides in Aristagoram.*)

(1) Un des plus grands crimes que Cicéron reproche

loi à quelques individus ou à différens ordres de l'Etat (1) ; le citoyen qui refuſe

à Verrès, eſt d'avoir fait périr ſur la croix Gavius, qui, comme citoyen romain, ne pouvoit être ſoumis à cette eſpèce de peine. « Tu as violé, lui dit-il, les droits de la patrie , en attentant aux droits de ſes citoyens ». Voyez, dans la ſixième Verrine, ce morceau ſublime d'éloquence.

(1) Les lois d'Athènes offrent ſur cet objet un grand nombre de diſpoſitions admirables. Voyez le recueil de *Petit, lib.* 1, *tit.* 1, *de legibus ; tit.* 2, *de Senatus-conſultis & Plebiſcitis , tit.* 3 , *de civibus aboriginibus, & adſcititiis , tit.* 4 , *de liberis legitimis , nothis , &c. Lib.* 3 , *tit.* 1 , *de Senatu quingentorum & concione , tit.* 2 , *de Magiſtratibus ; tit.* 3 , *de oratorib.* Voyez encore toutes les lois faites à Rome, en différens temps, contre les brigues & cabales (*ambitus*). La première fut celle qui défendoit aux Candidats de porter des robes très-blanches, pour fixer les regards du peuple. *Ne cui album in veſtimentum addere petitionis cauſâ liceret.* Cette loi, publiée l'an de Rome 322, a été rapportée par Tite-Live, liv. 4, chap. 25. La nature même de la prohibition atteſte la vertu de ces temps. La loi *Poetelia,* dont Tite-Live parle liv. 7, chap. 15 , & qu'il regarde comme la première loi établie contre la brigue, montre que le mal avoit déjà fait des progrès. Les lois *Bebia Emilia* , & *Cornelia Fulvia ;* celles que rapporte Cicéron, *lib.* 3, *de legibus* , & dont le nom s'eſt perdu ; les lois *Maria , Fabia , Acilia Calpurnia , Tullia ;*

de servir la patrie ou de la défendre; le guerrier qui prend la fuite à l'aspect de l'ennemi, ou va chercher auprès de lui un asile déshonorant; celui qui, sans le consentement de l'autorité publique, combat sous un Prince étranger, ou va s'enrôler dans une troupe ennemie, pour attaquer une patrie qu'il devoit défendre; tous ceux-là violent l'ordre politique.

Quelques-uns de ces délits n'existent que dans une espèce de Gouvernement; d'autres peuvent exister dans tous. Il en

---

la loi *Aufidia*, publiée deux ans après celle-ci; les lois *Licinia*, *Pompeia*; la loi *Julia* de César, & la loi *Julia* d'Auguste, qui parut peu de temps après; toutes ces lois font des preuves évidentes de la corruption de l'Etat & de la perte de la liberté. Malheureuse la République qui est obligée de multiplier & de renouveler sans cesse les lois contre ce délit! C'est à elle qu'on peut appliquer cette triste prédiction de Jugurtha: *O urbem venalem, & cità perituram, si emptorem invenerit!* Voyez Tite-Live, *lib.* 40, *c.* 19; *id. epit.* 47; Dion-Cassius, *lib.* 35, *pag.* 21; Asconius, *in Cornel. & in Milon.*; Cicéron, *pro Sexto, cap.* 36, *in Vatin. c.* 15; Dion-Cassius, *lib.* 39, *pag.* 119; *ibid. pag.* 162, *& lib.* 50, *pag.* 600; Suétone, *in August.*; Sigonius, *de judiciis, lib.* 2, *cap.* 30.

eft qui font très-funeftes dans les Républiques, & qui le font peu dans les Monarchies. Les uns font dangereux dans
tous les temps & dans tous les lieux; les
autres ne le font que dans certaines circonftances & dans certains pays. C'eft
au Légiflateur à obferver ces différences,
à les combiner avec l'état de fa Nation.
D'après cette mefure, il déterminera la
rigueur de fon code pénal. Je ne puis
offrir ici un plus grand développement;
mais je ne garderai pas le filence fur
une des plus grandes cruautés de la
Légiflation moderne, fur le fupplice
dont on punit la fimple défertion.

Qu'une République appelle à fon
fecours les enfans de la patrie; qu'elle
arme tous leurs bras lorfque fa liberté eft
en danger, lorfqu'on menace fa fouveraineté, lorfqu'on veut renverfer fes droits;
qu'elle déclare, comme à Athènes, vil
& infame celui qui refufe de la défendre, qui fuit ou abandonne fon pofte (1);
qu'elle puniffe comme traître, comme

---

(1) *Qui militiam detrectat, aut ignavus eft, aut*

parricide, celui qui, abdiquant son droit de souveraineté, prostituant sa gloire, sa dignité de citoyen, vend ses services aux ennemis de la patrie : dans tous ces cas, la République ne sera que défendre les principes de la justice & de l'intérêt général (1). Le Spartiate, l'Athénien qui fuyoit loin de la cité, en avoit recueilli les avantages ; il avoit concouru à la formation de la loi qui prononçoit la peine de mort contre le crime de désertion.

Que le Chef d'une Monarchie impose la même loi à ses sujets ; qu'il punisse par l'infamie le lâche qui refuse de prendre

---

ordinem deserit , à foro arcetor , neque coronator, neque in publica intrato templa. (Æ*schines , in* C*tesiphontem. Demosth. loco citato.*) *Qui arma abjecerit, ignomiosus esto.* (L*ysias , in Théomnestum orat.*)

(1) *Transfugæ capite puniuntor* .... (*Ulpian. ad* T*imocrat.*) *Ignominiosus esto, hostisque esto populi Atheniensis & sociorum , quum is , tum ejus liberi* .... (*Demosth. Philipp.* 3.) Il s'agit ici de celui qui, se réfugiant près des ennemis, a tourné ses armes contre la patrie.

les

les armes, qui s'enfuit ou abandonne
son poste; qu'il punisse même de mort
celui qui va s'enrôler dans des troupes
ennemies, & tourner ses armes contre
l'Etat : l'intérêt public justifie peut-être
dans ce cas l'extrême rigueur de la loi.
Mais que dans une Monarchie, au milieu
de la paix & de la tranquillité générale, des
soldats avilis, mercenaires, & mal payés;
des hommes que la fraude, la séduction,
la violence ont souvent transformés en
guerriers, & qui ne connoissent d'autres
sentimens que ceux de l'indigence & de
la servitude; que ces spectres, que ces
fantômes armés soient punis de mort
lorsqu'ils désertent; que l'on traîne sur
un échafaud le malheureux qui, ne pouvant supporter toutes les angoisses de la
faim, de la nudité, de l'oppression, a
cherché à recouvrer sa liberté perdue,
& sa vigueur première, presque éteinte
dans l'oisiveté & la misère des garnisons;
que la main du père de la patrie sous-
crive l'arrêt de mort d'un infortuné qui,
sous certains rapports, n'est véritablement coupable d'aucun crime; la nature

Tome V.   H

frémit à cette feule idée. Mais qui le croiroit ? pendant qu'un Miniſtre ſage & éclairé (1) faiſoit abolir dans une Monarchie militaire la peine de mort contre les déſerteurs, le congrès des Etats - Unis d'Amérique établiſſoit cette peine au milieu de ſes braves & libres citoyens. Un jeune homme de vingt-deux ans fut la première victime de cette loi déteſtable. Les vices de nos inſtitutions, l'eſprit de notre antique barbarie devoient - ils pénétrer dans une cité de frères & d'amis, dans un champ orné des drapeaux de la liberté, parmi de généreux citoyens qui élèvent l'édifice de leur indépendance ? L'empire de l'erreur paſſera donc toujours d'un hémiſphère à l'autre ! il arrêtera donc toujours les progrès des lumières & des vertus ! Non, l'aſſemblée reſpectable qui a prononcé cette peine, ne ſouillera pas de cet horrible décret le code qu'elle prépare. Elle trouvera dans le patriotiſme, dans l'honneur, le véri-

---

(1) Le Comte de Saint-Germain, Miniſtre de la guerre en France.

table, l'unique appui du courage & de la constance; elle sentira que l'infamie est la peine la plus efficace contre la lâcheté & la désertion.

N'arrachons pas la vie, dit Platon, à l'homme qui prend lâchement la fuite devant l'ennemi; mais que l'infamie rende ses jours tristes & insupportables; qu'il soit à jamais privé de l'honneur de défendre la patrie & de mourir pour elle (1).

Sages & généreux citoyens de l'Amé-

____

(1) *Sed quænam abjectionis armorum damnato &
à virili fortitudine degenerati pæna congrua erit?
Præsertim quum impossibile sit hujusmodi in contrarium commutari, ut Ceneum Thessalum ferunt d.... .
quâdam vi in naturam viri ex fæminá commuta...
Abjectiori enim armorum, contrarium maximè con-
veniret, ut in mulierem ex viro translatus, sic punia-
tur. Nunc verò quoniam id fieri non potest, proximum aliquid excogitemus, ut postquam ille usque
adeò vivendi cupidus est, deinceps nullum periculum
subeat, sed reliquam vitam, & quidem quam longissi-
mam improbus, & cum dedecore vivat. Hæc igitur
lex sit. Eo, qui arma turpiter projecisse damnatus est,
nec Imperator, neque Præfectus aliquis pro milite
unquam utatur, nec in aciem recipiat. (Plat. de legib.
dialog. 12.)*

H 2

rique, pourquoi, au lieu d'adopter les principes de cet illustre Républicain, avez-vous reçu les lois que le despotisme a imposées à la servitude ? Pourquoi, au milieu des camps, comme au sein de vos foyers, ne vous rappelleriez-vous pas toujours que vous êtes libres ; que vous avez acheté votre liberté au prix de votre sang ; que vous avez secoué le joug d'une mère injuste, & que vous avez proscrit d'anciennes lois qui vous opprimoient, parce que vous n'avez pas eu le malheur, comme beaucoup d'autres Nations, de perdre le souvenir de vos droits ?

Pourquoi, en formant votre code, ne vous souviendriez-vous pas que vous êtes placés dans un grand continent, que vous habitez le seul asile peut-être que la liberté ait aujourd'hui sur la terre ? Ignorez-vous qu'une loi injuste d'un Gouvernement republicain donne aux vils suppôts du despotisme le droit de calomnier la liberté ? que toutes vos erreurs sont comptées & exagérées par ceux qui ne veulent pas que les hommes soient libres ? que toute violation de l'égalité dans un pays, sert de prétexte pour la détruire dans un autre ? que les plus grandes atrocités de la servitude font cimentées, en quelque sorte, par les plus légers inconvéniens de la liberté ? Croyez-vous que, dans l'inftant où vous traîniez à l'échafaud l'infortuné qui avoit déserté votre camp, le défenseur de votre ancienne dépendance reftoit muet à ce spectacle ? croyez-vous qu'il ne profitoit pas de cette erreur pour jeter des germes de servitude dans l'ame de vos concitoyens ? croyez-vous qu'à mille lieues de vos demeures, lorfque la nouvelle de cette atroce condamnation fut parvenue dans quelques Monarchies de l'Europe ; l'infame courtifan, le vil efclave n'aient pas dit : « Voilà ce qui arrive dans l'Amérique indépendante, dans ce Gouvernement libre, objet de l'admiration des enthoufiaftes & des fanatiques ! Heureux efclaves de l'Europe, ofez donc vous plaindre encore qu'on méprife ici les lois & la liberté des hommes ! En vivant fous le defpotifme, vous pouvez

H 3

espérer d'attendrir le cœur de votre Maître, d'appaiser sa colère ; mais, dans les Républiques, qui pourra désarmer la loi, si toute la vertu du Magistrat est de la rendre inflexible » ?

Citoyens de l'Amérique, vous avez trop de vertus, trop de lumières, pour [illegible] qu'en conquérant le droit de [illegible] vous-mêmes, vous avez [illegible] a face de l'univers, le [illegible] re plus sages, plus justes, plus heureux que tous les autres peuples. Vous rendrez compte au tribunal du genre humain de tous les sophismes que vos erreurs feroient naître contre la liberté. Prenez garde de faire rougir ses défenseurs & d'enhardir ses ennemis.

CHAPITRE XXIV.

QUATRIÈME CLASSE.

Des délits contre la confiance publique.

CETTE espèce de délits est une suite des délits contre l'ordre public. On s'en rend coupable toutes les fois qu'on se sert du dépôt de la confiance publique pour violer les devoirs qui en résultent. Les délits des Magistrats & des Juges contre la justice publique peuvent encore être compris dans cette classe. J'ai cru cependant devoir faire de ces délits une classe particulière. Le lecteur attentif à l'ordre de mes idées, apercevra le fil qui me conduit dans cet immense labyrinthe.

Le péculat commis par les administrateurs, ou les dépositaires du revenu national (1); le crime de faux commis par

____

(1) Voyez le titre 5 du chapitre précédent.

H 4

les Notaires & les hommes chargés de rédiger & tranfcrire les actes publics (1); la falſification ou l'altération des mon-noies par les perſonnes chargées du coin public (2); la violation des ſecrets de l'Etat par ceux qui en ſont dépoſitai-res (3); l'abus du ſceau du Souverain; les fraudes des tuteurs; les banqueroutes frauduleuſes des Négocians : tels ſont les délits compris dans cette claſſe.

L'immenſité de la matière ne me

---

(1) Ce délit eſt puni par la perte de la main dans la plupart des codes de l'Europe; mais la mutilation des membres ne peut faire partie d'un ſyſtême de Légiſlation où l'humanité détermine les peines. Cette mutilation fut imaginée par les Egyptiens. Voyez Diodore, livre 1, page 89.

(2) Ces perſonnes doivent être punies plus ſévèrement que celles qui commettent chez elles les mêmes falſifica-tions ou les mêmes altérations. Cette diſtinction exiſte dans le Droit romain. Voyez la loi *Sacrilegii*, 6, §. 1, *ff. ad leg. Jul. peculat.*; & *leg.* 2, *cod. de falſ. monet.*

(3) Le même Légiſlateur qui ordonna en Egypte qu'on couperoit la main au fauſſaire public, ordonna qu'on couperoit la langue à celui qui violeroit les ſecrets de l'Etat. (Diodore, *ibidem.*)

permet pas d'indiquer ici toutes mes idées ; mais je fuis obligé de parler de la banqueroute frauduleufe, parce que je dois corriger une erreur qui m'eft échappée à ce fujet.

En parlant dans le fecond livre de cet Ouvrage de la multiplicité des banque-routes & des moyens qu'on devroit employer pour les prévenir, j'ai dit qu'après avoir marqué le front du coupable d'un fer chaud, qui indiquât, par les lettres initiales de fon délit, fa mauvaife foi & fon infamie, on lui laifferoit fa liberté, on le feroit rentrer dans la fociété (1). Des réflexions plus profondes fur le fyf-tême pénal m'ont fait apercevoir mon erreur. La loi, comme je l'ai obfervé (2), ne doit fe fervir de la marque du fer chaud, que pour les délits où cette peine peut fe combiner avec la mort, ou avec la perte perpétuelle de la liberté. Un homme qui porte fur fon front la marque de fon ignominie, doit devenir

_____

(1) Livre 2, chapitre 23, tome 2.

(2) Livre 3, chapitre 17, tome 4.

un monstre, dès qu'il est mis en liberté.
Sûr de ne pouvoir jamais obtenir la confiance de ses semblables en quelque lieu
de la terre qu'il aille se réfugier, il est
forcé, ou de s'enfermer volontairement
dans une prison pour tout le reste de sa
vie, ou de se livrer aux plus exécrables
forfaits. Dans le premier cas, la loi lui
rend inutilement sa liberté ; dans le second, elle le prépare elle-même à de
nouveaux crimes, à de nouveaux supplices ; elle jette dans la société un homme
qui ne peut plus avoir d'autre objet,
d'autre intérêt que de lui nuire. Il faudroit donc joindre à la peine que nous
avons proposée, la perte perpétuelle de
la liberté.

Ce crime étant, comme tous les autres, susceptible de différens degrés, le
Législateur ne devroit infliger une telle
peine que dans le cas du plus grand degré
de dol. La banqueroute non frauduleuse,
mais occasionnée par la violation des lois
somptuaires dont nous avons parlé, seroit
punie d'une peine très-inférieure ; car on
ne doit la placer qu'au dernier degré de

dol, ou au plus grand degré de faute. Le Législateur devroit donc, pour ce délit, comme pour tous les autres, proportionner les peines aux trois degrés de faute & aux trois degrés de dol. Il établiroit la marque du fer chaud avec la perte perpétuelle de la liberté, pour le plus grand degré de dol; la perte perpétuelle de la liberté & la simple infamie, pour le second degré; la simple infamie & la perte de la liberté pendant un certain temps, pour le troisième degré; l'exclusion de toutes les charges & dignités civiles, avec la perte momentanée de la liberté, pour le plus grand degré de faute; la simple exclusion des charges & dignités, pour le second degré; enfin la perte seule de la liberté pendant un intervalle très-court, pour le dernier degré. Les Juges examineroient ensuite, selon les règles proposées, auquel de ces six degrés doit être rapportée la banqueroute sur laquelle ils doivent prononcer. La hardiesse des spéculations ne devroit jamais entrer dans l'un de ces degrés. Il ne faut pas arrêter l'activité du Négociant par la crainte de la peine : le Législateur ne doit punir que la négligence ou la fraude.

CHAPITRE XXV.

CINQUIÈME CLASSE.

Des délits contre le droit des gens.

L'USAGE & le consentement tacite des Nations ont introduit certaines règles, tirées des principes généraux de la raison, & destinées à diriger leur conduite réciproque. Ces règles fixent les devoirs & les droits d'un peuple envers un autre peuple ; elles imposent à des Nations indépendantes des liens moraux, qu'aucune ne peut rompre sans donner à l'autre le droit de s'armer contre elle, & de lui faire respecter, par la force, la sanction tacite de cette loi universelle. L'assemblage de toutes ces règles forme ce que l'on appelle *le droit des gens*. La protection de ce droit entre les peuples est confiée aux armées de terre & de mer ; mais la protection de ce droit entre les individus de chaque Nation appartient au Gouvernement & aux lois.

Si un citoyen viole quelqu'un des devoirs qui naissent de cette loi universelle, le Gouvernement est obligé de le punir, parce qu'il doit conserver la paix entre les hommes. Une Nation chercheroit vainement à observer les lois de la tranquillité générale, si ses membres pouvoient les violer à leur gré. L'impunité d'un coupable qui a enfreint le droit des gens, peut faire d'un délit particulier un délit national, rendre le Souverain complice de son crime, exciter une guerre contre l'Etat, & faire tomber sur la tête de tous les citoyens la peine qu'un seul a méritée par son crime. Il n'y a dans l'Europe qu'un code criminel, celui de la Nation angloise, où l'on trouve des peines établies contre cette espèce de délits. Tous les autres Gouvernemens les punissent d'une manière arbitraire, parce qu'il n'y a point, sur cet objet, de sanction légale ; une pareille méthode ne

peut exister dans un code où l'on veut élever l'édifice de la liberté civile sur la base
inébranlable des lois. Voilà pourquoi j'ai
cru devoir faire ici une classe particulière
de ces délits. Je les réduis à cinq objets
principaux. 1°. L'abus du pouvoir contre
les Nations étrangères de la part de ceux
qui commandent une armée ; 2°. la violation des droits des Ambassadeurs ou
Représentans des Puissances ; 3°. la violation des saufs-conduits ; 4°. l'infraction
de quelque traité particulier de sa Nation
avec une autre ; 5°. la piraterie.

1°. Sans sortir de ce sujet, sans examiner les motifs qui peuvent déterminer
un peuple à faire la guerre à un autre
peuple , nous pouvons assurer que le
Souverain seul a droit de la déclarer. Il
suit de là , que si un Général, abusant de
son pouvoir, attaque, de sa propre autorité, un peuple que le Souverain n'a
pas déclaré son ennemi, il devient coupable du plus grand des crimes compris
dans cette classe. Platon veut que la
personne accusée de ce délit soit cou-

damnée à mort (1); & cette difpofition devroit être adoptée même dans le code le plus modéré.

Les févices contre les prifonniers, profcrits par toutes les lois de la guerre, font un autre délit du droit des gens, dont la première loi eft de faire, pendant la paix, le plus de bien, & pendant la guerre, le moins de mal qu'il eft poffible. L'humanité, que l'efprit du Chriftianifme & les progrès de la raifon en Europe, ont introduite dans cette partie du droit des gens, doit être entretenue & protégée avec force par les lois particulières de chaque Etat. Le Général qui les viole doit être regardé comme un monftre par la Nation même qu'il défend. Il expofe fes concitoyens à tous les mauvais traitemens qu'il a fait éprouver aux

____

(1) *Si quis confilio fuo, abfque auctoritate communi, pacem inivit, aut bellum movit, ultimo fupplicio condemnetur; quod fi pars aliqua civitatis id tentavit, hujus rei auctores à militiæ imperatoribus trafti in judicium, & damnati morte plectantur. (Plato, de legib. dialog. 12.)*

malheureux prifonniers. Les horreurs de la dernière guerre font une trifte preuve de cette vérité.

Il y a enfin plufieurs autres ufages reconnus & adoptés par toutes les Nations, relativement au fyftême de conduite que doivent fuivre envers les ennemis ou les étrangers, les Commandans des armées navales & des troupes de terre. Les tranfgreffions de ces ufages généraux forment autant de délits contre le droit des gens, auxquels le Légiflateur doit infliger des peines proportionnées à la nature & à l'importance de la tranfgreffion.

2°. Les Repréfentans des Nations étrangères ont joui, dans tous les temps & dans tous les lieux, des priviléges, du refpect, & de la confidération dus au Souverain qui les a députés.

Violer les droits des Ambaffadeurs, dit Tacite, c'eft violer les règles qui font obfervées & refpectées même entre des ennemis (1). Cicéron affure que c'eft

____

(1) *Hoftium quique jus, & facra legationis, &*

outrager

outrager les lois divines & humaines, que de porter atteinte aux droits des Ambassadeurs (1). Ammien-Marcellin nous a conservé l'opinion religieuse des Anciens sur cet objet. Ils croyoient que la Divinité étoit inexorable pour ce délit, & que les furies, ministres de sa vengeance, ne cessoient de tourmenter le monstre qui s'en étoit rendu coupable (2). Il suffit de lire le passage de Tite-Live sur l'attentat des Fidenates, pour voir de quelle horreur les Anciens étoient pénétrés contre ce délit (3).

L'usage, introduit de nos jours chez toutes les Nations de l'Europe, de s'espionner réciproquement par le moyen des

---

fas gentium rupistis. (Annal. lib. 1, cap. 42, n. 3.) Legatorum privilegia violare, rarum est inter hostes. (Histor. lib. 5.)

(1) *Sic enim sentio jus legatorum, quum hominum præsidio munitum sit, etiam divino jure esse vallatum. (Cicero. orat. de Aruspic. c. 16.)*

(2) *Ultrices legatorum diræ, violationem juris gentium prosequantur.*

(3) *Tit.-Liv. 1, decad. lib. 4.*

Tome V. I

Ambaſſadeurs, établit dans chaque Etat un nombre plus ou moins conſidérable de Repréſentans, dont les lois ſont obligées de faire reſpecter les priviléges avec d'autant plus de vigilance, que les circonſtances où on pourroit les violer ſont plus multipliées. Celui qui attente à la vie d'un Ambaſſadeur ; celui qui inſulte & outrage ſa perſonne par des faits ou par des paroles ; le Magiſtrat ou le Miniſtre de la juſtice publique qui ne reſpecte pas les priviléges perſonnels ou réels, ſoit de l'Ambaſſadeur, ſoit de ceux qui compoſent ſa ſuite, ſe rendent coupables de délits contre le droit des gens. La valeur de ces délits étant différente, les peines ne peuvent pas être les mêmes.

Les lois doivent donc bien diſtinguer ces délits, afin de bien diſtinguer les peines ; & comme, à l'exception du Roi dans une Monarchie, & du premier Magiſtrat du peuple dans une République, il n'y a perſonne qu'il ſoit plus dangereux pour un Etat d'inſulter, que le Repréſentant d'une puiſſance étrangère, il eſt juſte que les peines de ces délits soient plus sévères, parce que la mesure des peines est déterminée par l'influence qu'a sur l'ordre social le pacte que l'on viole (1). .

3°. La violation du sauf-conduit est un autre délit contre le droit des gens. La paix est la première loi des Nations ; la guerre est un des maux les plus considérables qu'elles puissent souffrir. Tout ce qui contribue à conserver ou à rétablir la paix dans l'Etat, doit donc être maintenu

____

(1) En Angleterre, par le statut 7, chap. 12, de la Reine Anne, si un Ambassadeur ou quelqu'un de sa maison est arrêté, & que ses meubles soient saisis, le jugement en vertu duquel on a procédé est déclaré nul par la loi ; & tous ceux qui l'ont sollicité, sont déclarés violateurs du droit des Nations, perturbateurs du repos public, & punis comme tels. La loi n'a point établi de peine particulière dans le cas d'une insulte considérable, mais elle a donné à trois principaux Juges du Royaume le pouvoir illimité de proportionner la peine à l'outrage. Cette indétermination de peine n'est pas digne de la constitution angloise. Dans quelque délit que ce soit, il faut que le citoyen sache à quels risques il s'expose en devenant coupable. La fixation de la peine doit toujours être l'ouvrage, non du Magistrat, mais de la loi. Tel est l'objet de la classification des délits que je trace ici.

avec un respect religieux. Le sauf-conduit que l'on accorde à ceux que les Puissances étrangères envoyent pour conclure la paix, rend, en quelque sorte, leurs personnes sacrées. La violation du sauf-conduit a donc toujours été regardée, avec raison, comme un des délits les plus graves & les plus funestes.

4°. Deux Nations peuvent contracter, par des traités particuliers, des obligations qui ne dépendent pas du droit général des gens; & ces obligations sont quelquefois de telle nature, qu'un individu a les moyens de les enfreindre. Tels seroient, par exemple, le traité par lequel une Nation s'obligeroit envers une autre à ne pas faire une espèce de commerce dans un lieu déterminé, à ne pas élever des digues dans le fleuve qui les sépare, si ces travaux pouvoient nuire à la sûreté de l'une d'elles; à ne pas pêcher dans un certain lieu, & beaucoup d'autres traités semblables qu'un seul individu a la force de violer. Toutes ces transgressions entrent dans la classe des délits contre le droit des gens, parce que le droit des gens prescrit l'observation religieuse des traités.

5°. Enfin la piraterie est un des délits les plus graves de cette classe. Funeste dans tous les temps, il est devenu d'autant plus terrible aujourd'hui, que l'influence du commerce sur la prospérité des peuples est plus grande. Heureusement aussi il est devenu beaucoup plus rare en Europe, parce que toutes les Puissances ont senti combien elles étoient intéressées à éloigner leurs sujets de cet infame brigandage. Mais qui le croiroit? Tandis que les lois punissent ce délit, en temps de paix, avec la plus grande sévérité, les Gouvernemens l'excitent & l'encouragent en temps de guerre : ils accoutument les hommes à des attentats que les lois cherchent à prévenir, & les exercent à un métier que des peuples civilisés devroient regarder avec exécration.

Les maux affreux qu'ont faits les Armateurs, dans cette dernière guerre, aux peuples de l'un & de l'autre hémisphère; les modiques profits qu'en ont retirés les

Nations mêmes qui les ont vomis fur l'étendue immenfe des mers; les progrès du fyſtême de la neutralité armée, tout nous fait efpérer que bientôt une loi univerfelle forcera les Nations belligerantes de renoncer, pour l'avenir, à cet infame moyen de nuire à leurs ennemis, aux dépens de la tranquillité de tous les peuples.

CHAPITRE XXVI.

Sixiéme Classe.

Des délits contre l'ordre des familles.

Nous venons d'examiner les délits relatifs au corps focial : jetons maintenant les yeux fur ceux qui font plus directement relatifs à fes membres. Entre le citoyen & la cité eſt une fociété particulière qu'on appelle famille. Le premier des délits qui troublent ou détruifent l'ordre de cette famille, eſt le parricide.

Les lois anciennes offrent fur cet

objet, ou l'indifférence la plus abfolue,
ou la févérité la plus outrée. En Perfe,
la loi fuppofoit bâtard le fils qui avoit tué
fon père, & elle le puniffoit, en cette
qualité, comme fimplement homicide (1).
A Athènes, Solon ne fit aucune loi contre
le parricide (2); & plufieurs fiècles s'écou-
lèrent, à Rome, avant que ce délit y fût
foumis à une fanction particulière. La
loi de Numa, rapportée par Feftus, nous
prouve qu'on donnoit ce nom à l'homicide d'un homme libre (3). Cela confirme

---

(1) Voy. Hérodote. Peut-être eft-ce par la même fub-
tilité, qu'en Angleterre la peine du parricide eft différente de celle de l'homicide prémidité. Voy. Blackftone,
code criminel d'Angleterre, chap. 14.

(2) Ciceron *pro Sexto-Rofcio-Amerino*, dit que
l'atrocité de ce crime empêcha le Légiflateur d'en croire
l'exiftence poffible.

(3) *Si quis liberum hominem fciens dolo malo morti
duit, parricida efto* (*v. parricidium.*) Le fragment
de la loi royale, confervé par Feftus, montre que la
loi n'avoit pas prévu le cas du vrai parricide ; elle ne
parloit que de l'outrage fait au père. *Seï Parentem.
Puer. Verberet. Aft. Oloe. Plorafit. Diveis. Paren-
tum. Sacer. Eftod. Seï. Nurus. Sacra. Diveis. Pa-
rentum. Eftod.* (Voy. Feftus, *v. plorare.*)

l'idée développée plus haut (1), que dans ce temps-là les seuls hommes libres étoient les patriciens (*patres*). Celui qui tuoit un homme libre étoit parricide, parce qu'il tuoit un père, un patricien. C'est dans les lois des Décemvirs que l'on trouve la première peine contre le vrai parricide; elle fut ensuite augmentée; on lui donna plus d'étendue, & personne n'en ignore la nature & l'intensité (2).

____

(1) Voyez le chapitre 12 de cette seconde partie, où je parle du rapport du système pénal avec l'état de la société. Je ne connois personne qui ait expliqué de la même manière cette ancienne loi; mais cela même me feroit douter de la vérité de mon opinion, si un nouvel ordre d'idées ne m'y avoit conduit.

(2) *Qui malum carmen incantassit, malum venenum faxit duitve, parricida esto. Qui parentem necassit, caput obnubito, culeoque insutus in profluentem mergitor.* (v. *Valer. Maxim. lib.* 1, *cap.* 1, §. 13; *Festus, v. Nuptias, & Nonius, cap.* 2, *v. perbitere, & v. perire.*) Cette peine des lois des douze Tables fut ensuite modifiée de la manière suivante. Après avoir fouetté le parricide, on l'enfermoit dans un sac de cuir avec un singe, un chien, une vipère, & un coq, & on le jetoit dans l'eau. (Voy. *Modest. in leg.* 9, *ff. de parricidiis.*) La loi

Les lois romaines qui avoient d'abord gardé le silence sur ce délit, passèrent bientôt à une sévérité extrême ; & ces deux excès furent produits par la même cause. Quelque atroce que soit un crime, un sage Législateur ne le supposera jamais impossible, & il aura soin d'en déterminer la peine d'après les principes de la justice. Platon, que je cite souvent, parce que son esprit philosophique m'éclaire & me guide ; Platon, malgré l'horreur avec laquelle il parle de ce crime, & malgré sa prévention en faveur des lois d'Egypte, n'a pas voulu adopter la peine que ce peuple avoit établie contre le parricide (1). Dans la loi qu'il propose,

---

Pompéa, en confirmant cette peine, l'étendit aux meurtriers de leur aïeul, de leur aïeule, de leur frère, de leur sœur, de leur patron ou de sa femme. (Voyez Paul. V. *sentent.* 24.) Je ne parle pas des dispositions postérieures de la Législation romaine, concernant ce délit, parce que je serois obligé d'excéder les bornes d'une note. Le lecteur peut consulter l'ouvrage de *Mathæus* (*comment. ad lib. ff.* 48, *tit.* 6).

(1) Diodore, livre 1, page 88, parle de la peine du parricide en Egypte. On enfonçoit dans le

il combine, d'une manière admirable, la modération de la peine, avec l'effroi qu'elle doit produire.

Que l'on fasse mourir, dit-il, le parricide ; que son cadavre nu soit porté hors de la ville, dans le lieu où les trois grandes routes viennent se réunir ; que là, devant le peuple & en son nom, chaque Magistrat lui jette une pierre sur la tête ; qu'on le transporte ensuite hors des limites de la République, & qu'il soit privé, suivant les lois, des honneurs de la sépulture (1).

Telle est la loi que propose Platon. Les Législateurs qui ont cherché dans

---

corps du meurtrier une multitude de petites cannes de la longueur d'un doigt, & on l'enveloppoit ensuite d'un faisceau d'épines auquel on mettoit le feu. Le père qui tuoit son fils étoit puni d'une autre manière. Il étoit obligé de tenir entre ses bras, pendant trois jours & trois nuits sans interruption, le cadavre de son fils, au milieu de la garde publique de la ville. Si la douleur du repentir ne lui arrachoit pas la vie, on l'abandonnoit au supplice des remords. Cette peine me paroît plus digne d'imitation que la première.

(1) *Plat. de legib. dialog. 9.*

les tourmens une proportion entre le délit & la peine, ont méconnu l'objet de la punition. Ils ont excité la pitié pour le criminel, au lieu d'infpirer l'horreur pour le crime. La peine la plus utile, comme nous l'avons démontré, eft celle qui fait la plus forte impreffion fur l'efprit du fpectateur, & tourmente le moins le coupable (1). Tel eft précifément l'effet de la loi de Platon. Il conviendroit donc de l'adopter pour le crime de parricide. On peut comprendre fous ce nom l'homicide de tous ceux dont on a reçu, ou à qui on a donné immédiatement ou médiatement la vie ; tels que le père, la mère, l'aïeul, l'aïeule, le fils, le petit-fils, &c. (2) On peut y ajouter

-----

(1) Chapitre 14.

(2) Je prie le lecteur d'obferver ici combien cette claffification de délits, combinée avec les principes généraux qui déterminent les différens degrés de dol ou de faute, facilite au Légiflateur le moyen de fixer à côté de chaque délit la peine qui lui eft relative, fans que le Juge puiffe en altérer la valeur. Suppofons, par exemple, que la peine du parricide commis avec le plus grand degré de dol, foit celle que propofe Platon;

le meurtre du frère, du mari, de la femme.

Je vais parler maintenant d'un autre délit qui échappe souvent à la punition des lois, & que la corruption des mœurs a rendu très-fréquent. C'est l'avortement forcé.

Une idée des Stoïciens, dont la plupart des principes sont entrés dans la Jurisprudence romaine, a fait naître l'opinion, généralement reçue par tous les anciens Jurisconsultes, que l'avortement

---

supposons encore que le Législateur ait ensuite établi des peines correspondantes aux autres degrés de dol ou de faute. Dans cette hypothèse, qu'une femme ait exposé son fils un moment après sa naissance, afin de cacher son accouchement, ou s'exempter des soins & des dépenses de l'éducation ; si cet enfant est trouvé mort, & que la mère soit connue, alors le Juge ne doit faire autre chose que déterminer, par les règles établies, auquel de ces degrés de faute on doit rapporter ce parricide, & la condamner à la peine fixée par la loi pour ce degré. Il suffit de lire le chapitre 15 de ce Livre, pour sentir combien cette opération est facile, & quel obstacle elle opposeroit à la volonté arbitraire du Juge. Une telle méthode rendroit inutile une foule de lois sur l'exposition des enfans.

forcé ne doit pas être mis dans la
claſſe des délits ordinaires ; que ce n'eſt
ni un délit civil, ni un homicide, ni un
parricide ; mais ſimplement un délit extraordinaire que les Juges peuvent punir,
d'après leur volonté. Les Stoïciens
croyoient que l'ame entroit dans le
corps avec la reſpiration de l'air extérieur ; & par conféquent, que le fœtus
étoit inanimé, tant qu'il reſtoit dans le
ſein de ſa mère (1). Les Jurifconfultes
Stoïciens, appliquant ce principe abſurde
à la Légiſlation criminelle, ne trouvèrent
dans l'avortement forcé, ni homicide,
ni parricide, parce qu'un être privé de
l'exiſtence n'eſt ni homme, ni fils, (2).

---

(1) *Plutarch. de placit. Philofoph. lib.* 5, *cap.* 15,
Jufte-Lipf. phyfiolog. Stoïcor. lib. 3, *differt.* 10.

(2) Nous voyons ſouvent en effet dans les livres des
Jurifconfultes romains, que le fœtus y eſt appelé *pars
ventris*, ou *portio viſcerum* ; on ne lui donne pas le
nom d'homme tant qu'il reſte dans le ſein de la mère.
Voyez fur-tout la loi 1, §. 1, *ff. de infpiciend. ventr. ;*
& la loi 9, *ff. ad leg. falcid.* Le célèbre Gérard Noodt
croit que jufqu'au Refcrit des Empereurs Sévèr & Antto-
nin (qu'on trouve dans la loi 4, *ff. de extraord. crimin.*),

C'eſt ainſi que les erreurs & les préjugés ont conſtamment perverti la morale & corrompu les lois. Mais le ſyſtême
de la Légiſlation poſtérieure eſt devenu
bien plus funeſte encore que ne l'avoit
été l'erreur des anciens Juriſconſultes.
Celle-ci produiſoit l'impunité des crimes;
celui-là a fait immoler une multitude
d'innocens. La loi qui arrache la vie à
la fille dont l'enfant eſt mort, ſi elle
n'a pas révélé ſa groſſeſſe au Magiſtrat; cette loi qui ſuppoſe le parricide,
même lorſque la mort de l'enfant eſt entièrement indépendante de la volonté de
la mère; cette loi qui, dans pluſieurs
circonſtances, fait périr une jeune perſonne dont tout le crime eſt d'avoir obéi

---

l'avortement forcé reſta impuni, même pour les femmes
mariées. Bynckerſoek croit au contraire que l'impunité
n'exiſta juſqu'à cette époque que pour les femmes non
mariées. (*Noodt* , *in ſingulari libro qui inſcribitur,*
Julius-Paulus , *cap. ult.* ; & *Bynckerſoek* , *de jure*
occid. liber. cap. 7). Voy. encore la loi 39 , *ff. de*
pæn. , & la loi 4 , *ff. de extraord. crimin.* où ſont rap-
portés les deux cas particuliers dans leſquels ce délit
étoit puni.

aux lois de la pudeur, en cachant le fruit d'un amour qu'elle ne peut avouer ; cette loi, si manifestement contraire aux principes les plus sacrés de la raison & de la nature ; cette loi existe encore aujourd'hui, dans toute sa force, chez la plupart des peuples de l'Europe. Je me suis élevé plus d'une fois contre elle ; je vais examiner maintenant de quelle manière on peut la réformer.

L'avortement forcé est un de ces délits dont la peine peut excéder la proportion régulière, comme je l'ai démontré ailleurs (1), à cause de la facilité de les cacher. Je n'indique pas ici la peine que l'on pourroit prononcer contre ce délit, parce que j'ai pour objet, non de déterminer les peines, mais de distinguer les délits. Je dis seulement que cette peine devroit être de telle nature, qu'elle pût compenser la facilité qu'on a de s'y soustraire (2). J'ai développé cette vérité dans

(1) Chapitre 18.

(2) Dans le code des Visigots, la femme *ingénue* qui se faisoit avorter, perdoit la liberté de sa condition,

la première partie de ce Livre. Il faudroit donc d'abord compléter la preuve du délit.

Que l'on puniſſe avec ſévérité l'avortement forcé, mais qu'on le puniſſe après avoir bien conſtaté le délit, & après avoir employé tous les moyens propres à le prévenir ; que l'on offre des aſiles aux jeunes perſonnes qui ont eu le malheur de ſuccomber aux ſéductions de l'amour & du plaiſir ; que l'on établiſſe dans toutes les parties de l'Etat des retraites pour leurs enfans ; que la loi protège les unes, & faſſe élever les autres ; qu'elle cache la foibleſſe, au lieu de la rendre infame ; qu'au lieu d'étouffer la pudeur, elle en fortifie le reſſort, & les avortemens ſecrets deviendront plus rares, & ils ſeront punis avec plus de juſtice (1).

& devenoit eſclave. Si le mari la forçoit de boire la potion qui devoit procurer l'avortement, ou s'il permettoit qu'on la lui donnât, il étoit condamné, ainſi que celui qui avoit préparé la potion, à perdre la vie ou les yeux. Voy. les lois des Viſigots, liv. 6, tit. 3, cap. 1. 7.

(1) A Londres, il y a une maiſon deſtinée à recèvoir

Les

Les principes de la Légiſlation, relatifs
à l'inceſte, devroient être les mêmes.

L'inceſte eſt un délit dont la peine
peut excéder la proportion ordinaire, à
cauſe de la facilité de le cacher. L'ordre
des familles exige que les bonnes mœurs
ſoient particulièrement conſervées dans
les foyers domeſtiques : il faut que le
vice n'y pénètre jamais, & qu'une fami-
liarité néceſſaire entre les individus de
la même famille ne paſſe pas les bornes
preſcrites par la nature, la Religion, &
les lois. Tous ces motifs, joints à la facilité de cacher le délit, peuvent excuſer
la ſévérité de la peine, pourvu qu'elle
n'aille jamais, ni juſqu'à la perte de la
vie, ni juſqu'à la perte perpétuelle de la
liberté. Je ne parle pas ici des mariages
inceſtueux, contractés de mauvaiſe foi,

---

les femmes qui veulent accoucher en ſecret; la confiance
y eſt inviolable, & l'honneur de la femme y eſt à couvert
des regards publics. Les enfans ſont portés, auſſi-tôt après
leur naiſſance, dans une autre maiſon publique, deſtinée
à leur éducation.

Tome V.   K

parce qu'ils entrent dans la claſſe des délits contre l'ordre public.

Le trafic infame du plaiſir entre parens
eſt encore un délit contre l'ordre des
familles, que nos lois excitent d'un côté,
& puniſſent ſévèrement de l'autre. La mi-
ſère de certaines claſſes, le célibat forcé
de quelques autres ; ces maux, que l'imperfection de nos lois & l'indifférence de
nos Gouvernemens produiſent & entretiennent, ſont les ſouces d'un abus que,
dans un autre ordre de choſes, l'opinion
publique ſuffiroit pour réprimer. Des peines déshonorantes pour certaines claſſes,
& la condamnation aux travaux publics
pour celles qui connoiſſent peu l'honneur ou qui y attachent peu de prix,
ſeroient les ſeules peines de ce délit, dans
un nouveau ſyſtéme de lois (1).

____

(1) On trouve dans nos conſtitutions de Sicile une loi
de Roger, & une autre de Frédéric, qui condamnent à
la mutilation du nez les mères qui proſtituent leurs
filles. Voyez ces conſtitutions dans la collection des lois
barbares de Lindenbrock, liv. 3, tit. 48 & 53. La peine
infamante que je propoſe ne devroit imprimer ſur le

Le rapt devroit être puni aussi avec la même modération ; mais il faudroit en distinguer les différentes espèces. Constantin, qui, au lieu d'avoir aujourd'hui le nom de Grand, seroit regardé comme un monstre, s'il n'avoit substitué à l'aigle superbe des Césars l'humble bannière de la croix ; Constantin, qui seroit placé parmi les tyrans, s'il n'avoit protégé une religion qui, en condamnant ses délits, ne pouvoit montrer de l'ingratitude pour ses bienfaits ; Constantin, qui, avec des mains dégoutantes de sang, écrivit des lois sanglantes ; Constantin fut l'auteur de la fameuse loi contre le rapt, qui outrage l'humanité, la raison, la justice. Qu'un homme violent & hardi arrache une jeune enfant de la maison paternelle ; que, foulant aux pieds les devoirs de la

---

corps du criminel aucune trace ineffaçable d'infamie : cette peine seroit commuée en une condamnation aux travaux publics pour un certain temps, si le coupable étoit de la dernière classe de la société. Le Lecteur, qui se rappelle les principes développés ci-dessus, sentira le motif de cette détermination.

nature, les lois de la société, il enlève une femme des bras de son mari; qu'il souille les murs domestiques, qu'il y porte la désolation & l'opprobre; sans doute un tel homme doit expier par la mort de tels attentats. La raison ne condamnera pas ce sacrifice fait au respect pour les mœurs, à la sûreté générale, à la tranquillité domestique. Mais si un Législateur, imbécille ou féroce, confond avec le rapt de violence une évasion volontaire; s'il punit de la même peine le ravisseur armé, dont l'unique objet est de satisfaire, par la force, sa brutale passion, & deux amans ivres d'amour, qui ne cherchent dans la fuite qu'un moyen de légitimer leurs jouissances par un lien sacré; si une action que la société condamne, mais que la nature permet, est punie comme celle que l'une & l'autre proscrivent; si, en un mot, de tant de délits différens, on en fait un seul que doit punir une seule loi; dans ce cas, toutes les règles qui dirigent le pouvoir législatif & en fixent les bornes, ne seront-elles pas violées par une loi si

cruelle & fi abfurde? Telle eft celle de
Conftantin, renouvelée par Juftinien, &
inférée dans cette monftrueufe collection
des monumens de la fageffe, de l'atrocité,
de la folie des différens Légiflateurs de
Rome. L'homme coupable du rapt de féduction eft condamné par cette loi aux
flammes ou aux bêtes féroces. Si la fille
déclare avoir donné fon confentement au
rapt, loin de fauver fon amant, elle s'expofe à partager fon fort. Les parens de
cette infortunée font obligés d'accufer en
juftice le ravifleur ; & fi, obéiffant aux
mouvemens de la nature, ils cherchent à
voiler cet outrage, & à l'effacer par une
union légitime, eux-mêmes font condamnés à l'exil, & leurs biens font confifqués.
Les efclaves de l'un & de l'autre fexe,
convaincus d'avoir favorifé le rapt ou la
féduction, font condamnés à être brûlés
vifs, ou à expirer dans les tourmens hor-
ribles du plomb fondu. La prefcription
de ce délit n'eft pas fixée à un certain
nombre d'années ; les effets du jugement
s'étendent jufqu'aux fruits innocens de

cette union illégitime (1). Voilà la loi de Conftantin.

Nous allons tracer ici la progreffion des délits relatifs au rapt; nous laifferons au Légiflateur le foin d'en fixer la fanction, fuivant les principes généraux que nous avons établis.

1°. Le rapt de violence d'une femme mariée.

2°. Le rapt de violence d'une fille ou d'une veuve.

3°. Le rapt fans violence ou l'enlèvement volontaire d'une femme mariée.

4°. Le rapt de violence d'une femme publique.

5°. Le rapt fans violence ou l'enlèvement volontaire d'une fille ou d'une veuve, fans objet de mariage.

6°. Le rapt fans violence d'une fille ou d'une veuve, avec objet de mariage.

---

(1) Godefroy, *ad cod. Theodof. leg. 2 , tit. de rapt. virgin.; & leg. unic. tit. ad leg. fab.* Voyez encore la loi de Juftinien inférée dans le code, au titre *de raptu virginum , feu viduarum , &c.*

La généralité de mon plan ne me permet pas d'indiquer ici les peines qui doivent être prononcées contre ces différens délits, parce que, comme je l'ai démontré, ces peines doivent varier avec les rapports phyſiques, moraux, & politiques des peuples. Je ne puis fixer, dans un ouvrage de cette nature, la proportion des peines avec les délits, que lorſque ces délits ſont ſuſceptibles d'une ſanction univerſelle.

Engager un jeune homme qui eſt encore ſous la puiſſance de ſon père ou de ſon tuteur, à abandonner la maiſon paternelle, ou les perſonnes auxquelles la nature ou les lois l'ont confié, c'eſt commettre une eſpèce de rapt de ſéduction ; & ce délit ne doit pas être oublié dans le code pénal.

La ſuppoſition de part eſt un autre délit contre l'ordre de la famille. On devroit mettre dans la même claſſe l'action de celui qui entre par force dans une maiſon étrangère. Cette ſorte d'attentat a été punie, chez quelques peuples, avec la plus grande ſévérité. Le reſpect pour les

Dieux Pénates, qui veilloient fur les murs domeftiques, faifoit regarder ce délit comme un facrilège. Sans lui donner ce nom épouvantable, fans imiter la févérité de ces anciennes inftitutions, le Légiflateur pourroit le punir, en proportion de l'influence qu'a fur l'intérêt public & la tranquillité particulière, le refpect pour les foyers domeftiques, que nos pères appeloient, avec raifon, le fanctuaire de la fûreté du citoyen.

L'adultère eft un autre délit de la même claffe. Dans l'enfance des peuples, lorfque la femme faifoit partie des biens que l'on achetoit, & dont on difpofoit à fon gré ; lorfque la puiffance paternelle, combinée avec la puiffance maritale, donnoit à l'homme fur fa femme des droits de maître, plutôt que de mari ; lorfque la moitié de l'efpèce étoit dégradée & opprimée par l'autre ; l'homme, defpote dans fa famille, puniffoit l'adultère. Les lois lui en avoient laiffé le droit & les moyens ; & fi quelquefois elles fixèrent la peine, ce fut toujours en paffant les bornes d'une jufte proportion.

La loi de Romulus abandonnoit entièrement au tribunal domeſtique le jugement
de la femme & le choix de la peine, à
laquelle le mari pouvoit donner toute
l'étendue que ſa vengeance lui inſpi-
roit (1). A Locres, la peine étoit fixée
par les lois; mais elle étoit atroce. On
arrachoit les yeux à la femme adultère, &
on ne lui laiſſoit la vie que pour la lui rendre plus affreuſe que la mort même. La
loi des Viſigots livroit au mari la femme
coupable & le corrupteur, & elle lui
donnoit le droit de faire éprouver à l'un
& à l'autre tous les effets de ſon reſſen-
timent (2). Nous trouvons dans nos conſtitutions de Sicile une loi de Fréderic,
où l'excès du mal eſt atteſté par le remède même. Afin de modérer l'ancienne
cruauté des lois, il ordonne que la femme

––––––––––––––––––––

(1) *Seï. Stuprum. Comiſit. Aliud ve. Peccaſſit.
Maritus. Judex. & Vindex. Eſtod. De. Que. Eo.
Cum. Cognatis. Cognoſcito.* Voy. Denis d'Halicar-
naſſe, liv. 2, page 95 ; Aulu-Gelle, 10, chap. 23.

(2) *Legis Wiſigothorum, liber tertius, tit.* 4, *lex*
1 & 3.

sera remise au mari, lequel aura le pouvoir, non de la faire mourir, mais de lui couper le nez (1). Je ne finirois pas si je voulois rapporter toutes les étranges dispositions des lois barbares sur cet objet. Détournons nos regards de ces tristes monumens de l'ignorance & de la férocité de nos pères, & voyons ce que la raison & nos mœurs prescrivent aujourd'hui à cet égard.

Chez tous les peuples de l'Europe, l'adultère déshonore également la femme & le mari. L'opinion publique, contre laquelle les lois sont impuissantes, & qu'elles ne doivent jamais choquer, couvriroit de honte le mari dont la femme seroit déclarée coupable d'adultère ; ce jugement imprimeroit sur sa famille une tache ineffaçable, qui pri-

____

(1) *Constitutionum Sicularum*, *lib*. 3, *tit*. 43. Cette mutilation du nez, pour crime d'adultère, a existé chez d'autres peuples. La loi attribuée à Elius, fils de Vulcain, avoit prescrit cette peine en Egypte. (*Diodor. lib.* 1, *pag.* 89 & 90.) Les anciennes lois d'Angleterre ordonnoient en outre la mutilation des oreilles.

veroit d'une foule d'avantages fon innocente poftérité. Un délit que la corruption des mœurs a rendu fi fréquent ; un
délit que l'on commet avec tant de facilité, & dont le foupçon fait une impreffion fi légère ; un tel délit a cependant
des fuites funeftes, lorfqu'il eft livré à la
pourfuite de la juftice. De toutes les
bizarreries de l'opinion, celle-ci eft peut-
être la plus étrange, & elle a une grande
influence fur les mœurs. L'opinion qui
déshonore le mari, favorife l'impunité
du délit ; elle l'oblige de cacher les défordres de fa femme, & rend inutile par
conféquent la rigueur de la loi. Quelque
févère que foit une peine, elle fera toujours impuiffante, tant que l'offenfeur &
l'offenfé auront le même intérêt à cacher
le crime. Que doivent donc faire les lois
pour prévenir cet abus?

Il fuffit, pour réfoudre ce problême,
de diftinguer les pays où la répudiation,
pour caufe d'adultère, eft établie, de
ceux où le mariage eft indiffoluble. Dans
les premiers, la honte du mari eft effacée
à l'inftant même qu'il a répudié fa femme.

L'opinion ne produit donc point le même effet dans ces pays que dans les autres, où la répudiation est interdite en quelque cas que ce soit. Dans ceux-là, le Législateur pourroit adopter tout à la fois, sans aucun inconvénient, la loi d'Auguste sur l'accusation d'adultère (1), la loi d'Athènes qui obligeoit le mari de la femme de la répudier (2), la peine que les lois de Crète prononçoient contre le corrupteur (3), & celle que les lois de

---

(1) L'étranger ne pouvoit accuser une femme d'adultère, qu'après avoir convaincu le mari de favoriser ses débauches. (*Leg. constante. 26, ff. ad leg. Jul. de adult.*) Ce cas excepté, l'accusation n'appartenoit qu'au mari. Cette modification de la liberté d'accuser est nécessaire dans cette espèce de délits, pour conserver la tranquillité domestique.

(2) *Postquam adulterum maritus adulterii damnaverit, ab uxore adultera divertito ; nisi diverterit, ignominiosus esto.* (*Demost. in Neæram.*)

(3) On mettoit une couronne de laine sur la tête du séducteur ; on le condamnoit à une peine pécuniaire ; & il étoit ensuite exclus de toutes les charges & dignités de la République. Cette loi est rapportée par Élien, *Var. histor. lib. 12, cap. 11.* D'après mon plan, il suffiroit de commuer la peine infamante en une condam-

Solon prononçoient contre la femme adultère (1).

Mais dans les pays où la répudiation est abfolument interdite, ce n'eft point par les peines que les lois doivent prévenir l'adultère. Un moyen inutile nuit à la loi qui l'ordonne, & rend méprifable & ridicule l'objet le plus digne du refpect des hommes. C'eft en favorifant les mariages ; c'eft en protégeant l'autorité des pères, l'autorité des maris ; c'eft en leur rendant des droits prefque éteints, dans ce fiècle, chez tous les peuples de l'Europe ; c'eft, en un

---

nation aux travaux publics , pour les hommes de la dernière claffe de la fociété , que l'infamie ne punit jamais.

(1) *Adultera in publicum ornata ne prodito ; fi fecùs faxit, quivis ejus veftes difcindito , ejufque mundum auferto, atque eam pulfato, fi libuerit, dummodò ne occidat , aut membro aliquo captam reddat.* (*Æfchin. in Timarch.*) Cette peine paroît bien plus raifonnable que toutes celles qu'a imaginées la férocité de quelques Légiflateurs. J'obferverai ici que je prends le mot *adultère* dans l'acception des Jurifconfultes , & non dans celle des Moraliftes.

mot, en réformant les mœurs publiques, qu'un fage Légiflateur faura prévenir l'adultère, fans prononcer contre ce délit des peines inutiles.

Je m'occuperai de cet objet dans le dernier livre de cet Ouvrage, où je dois confidérer les lois dans leurs rapports avec la puiffance paternelle & l'ordre des familles. Ce que je viens de dire fuffit pour indiquer mes idées à cet égard.

Le Légiflateur préviendra par le même moyen le rapt de féduction; il réfervera la févérité des peines pour le rapt fait avec fraude ou violence. Une longue expérience a appris que la loi qui obligeoit un homme d'époufer la femme qu'il avoit féduite, ou de la doter, ne faifoit que multiplier les défordres, favorifer cette efpèce de délit, & mettre l'innocence en danger. Une jeune perfonne qui fentoit l'avantage qu'elle pouvoit tirer de fes faveurs, ne s'occupoit qu'à faire naître l'occafion de les accorder, quelquefois même de les offrir. Les parens concouroient, par leur filence, à un délit d'où devoit dépendre le fort de leur fille ; & leur vigilance favoit s'endormir à propos.

Enfin les femmes mêmes qui avoient le plus abufé de leurs charmes, ne cef- foient, par tous les artifices & toute la coquetterie d'une innocence étudiée, de troubler le repos d'une foule de citoyens honnêtes, en les accufant, devant les tribunaux, d'une féduction dont ils n'étoient pas coupables : elles s'étoient fi bien exercées à cette décence de l'ingé- nuité, qu'elles auroient trouvé le moyen de faire payer à Socrate lui-même tous les enfans d'Alcibiade.

Ces abus ont déterminé quelques Gouvernemens à abolir cette loi, utile peut-être dans d'autres fiècles, mais in- finiment pernicieufe dans le nôtre (1).

____

(1) Cette loi exiftoit chez la plupart des anciens peu- ples. Voyez, quant aux Hébreux, le Deutéronome 22, 25. Les Athéniens obligèrent le féducteur à époufer la fille féduite. *Qui virginem vitiarit, ducito.* (*V. Her- mogenis Schol.*) Elle a été adoptée par le plus grand nombre des peuples modernes. Si on confulte la raifon,

Ma patrie a déjà éprouvé les heureu-
effets de ce changement ; & les clameur
infenfées de cette claffe de citoyens, qui
vit des défordres de la fociété, en font
une preuve évidente.

Que la violence foit punie lorfqu'elle
s'exerce, non feulement fur une jeune
fille honnête ou fur une veuve, mais
même fur une femme publique. Que la
peine de ce dernier délit foit cependant
inférieure à celle du premier. En effet,
dans l'un & dans l'autre on viole les droits
de la propriété perfonnelle ; mais dans le
premier on trouble l'ordre de la famille :
on enlève à une femme les droits que
fon honneur lui donne dans la fociété ;
on outrage fa pudeur ; on lui prépare
des humiliations & des maux de toute
efpèce. Il ne faut donc pas adopter l'uniformité de peine prefcrite dans le code

---

elle dira qu'un délit commis par deux perfonnes ne doit
pas être puni dans l'une, & récompenfé dans l'autre. Si
on confulte l'expérience, elle montrera tous les défordres qui font nés d'une telle difpofition. La raifon &
l'expérience doivent faire taire les autorités.

d'Angleterre,

d'Angleterre , pour ces deux délits si différens par leur *qualité* (1). Mais que l'on n'imite pas non plus l'indulgence des lois romaines, relativement à la violence commise contre les femmes publiques (2). Que l'on ne rappelle pas l'observation des anciennes lois contre le rapt de séduction ou volontaire ; que l'on s'éloigne également, & de l'indifférence absolue, & de la sévérité outrée ; que l'on punisse le rapt fait avec fraude (3), mais que la peine en soit inférieure au rapt de violence ; que l'on punisse comme tel la séduction d'une fille qui n'est pas sortie de l'enfance ; que l'on punisse comme un rapt de mauvaise foi la séduction d'une jeune fille qui n'a pas passé sa

____

(1) Blackstone , code criminel d'Angleterre , chapitre 15.

(2) *Leg.* 22 , *cod. ad leg. Jul. de adult.; leg. ancillarum*, 27 , *ff. de hœredit. petit.; leg. verum est* 39 , *ff. de furt.*

(3) Un homme, par exemple , qui obtiendroit les faveurs d'une femme par un mariage imaginaire , ou en égarant sa raison par une boisson enivrante , seroit coupable de cette espèce de rapt.

Tome V.   L

douzième année ; qu'après cet âge, lorfqu'il n'y aura ni violence ni fraude prou-
vée, la féduction foit toujours fuppofée
volontaire pour l'homme & pour la femme,
& que par conféquent elle ne foit pas
punie par la loi (1). Telles doivent être
les difpofitions du code pénal fur cet
objet. Les autres parties de la Légiflation
préviendront des actions qu'on ne pourroit punir, fans multiplier les défordres
& porter atteinte à la liberté civile.

---

(1) A Athènes, le rapt de féduction étoit puni beaucoup plus févèrement que le rapt de violence. Le motif
de cette difpofition étoit, que le ravifleur ne fait que
fouiller le corps, au lieu que le féducteur ajoute à ce
délit la corruption de l'ame. Voyez *Lyfias*, *orat. pro
cæde Eratofth.* Je doute qu'on puiffe trouver aujourd'hui
un feul homme de cette opinion.

CHAPITRE XXVII.

SEPTIÈME CLASSE.

Des délits contre la vie & la personne des individus.

L'EXISTENCE est le premier bien de l'homme; la protection de ce droit est le premier devoir que la société contracte envers le citoyen. Celui qui tue son semblable se rend coupable du plus grand de tous les crimes. L'homicide est donc le premier délit compris dans cette classe. Si nous n'adoptons pas la différence établie ci-dessus entre la *qualité* d'un délit & sa *gravité*, ainsi que les principes généraux, & les règles d'après lesquels on doit distinguer dans chaque délit sa *gravité* particulière, c'est-à-dire, le degré de perversité avec lequel on peut violer un pacte, nous allons, dans ce cas, comme dans tous les autres, nous trouver environnés, de cette foule de questions,

L 2

de divisions , d'hypothèses qui rem-
plissent les livres des Interprètes du droit,
& qui , égarant les Législateurs, ont fait
naître le désordre & la confusion que l'on
remarque dans les codes de tous les peuples connus (1).

Le plan que j'ai proposé fait dispa-
roître tous ces obstacles. Un homme qui
en tue un autre, commet un crime dont
la *qualité* ou la *gravité* n'est pas la même
dans tous les cas. Le meurtre d'un père
par son fils est un crime d'une autre *qualité*, que le meurtre d'un citoyen par un
autre citoyen, qui n'a avec lui aucuns
rapports de famille. Celui qui tue un
particulier pour une somme déterminée ,
& celui qui le tue dans l'impétuosité de

---

(1) Le titre du digeste & du code *ad legem Corneliam
de sicariis*, suffit pour montrer la nécessité de changer
de système dans la composition d'un code pénal. La loi
de Sylla , augmentée & modifiée par un si grand nombre
de Sénatus-Consultes , par tant de lois des Empereurs ,
par tant de décisions des Jurisconsultes, est cependant
toute pleine de défauts; elle confond sous la même peine
des délits très-différens; elle est à la fois trop indulgente
& trop rigoureuse.

la colère, & pour une infulte très-offen-
fante, commettent deux crimes d'égale
qualité, mais d'une *gravité* différente.
Celui qui affaffine le Chef de la Nation,
& celui qui, par imprudence, ou dans le
tranfport de la paffion, ôte la vie à un
fimple citoyen, font coupables de deux
crimes différens tout à la fois en *qualité*
& en *gravité*.

D'après mon fyftême, la nature du
pacte que l'on viole détermine la *qualité*
du délit; & le degré de perverfité que
l'on montre en le violant, en détermine
la *gravité*. J'ai placé les différentes *qualités* d'homicides dans les claffes précé-
dentes, auxquelles elles fe rapportent,
felon la nature des pactes que l'on viole.
Comme je ne renferme dans celle-ci que
les délits contre la vie & la perfonne des
citoyens, je ne parlerai que des meur-
tres entre particuliers.

Par les fix efpèces de peine relatives
aux trois degrés de dol & aux trois degrés
de faute, le Légiflateur pourroit proportionner le châtiment avec la gravité de
cette efpèce de délits. Les règles générales

que j'ai expofées indiqueroient au Juge la *gravité*, & la fanction de la loi indique-roit la peine. Les unes annonceroient à quel degré de dol on doit rapporter, par exemple, le meurtre commis par un affaffin payé; l'autre montreroit la peine qui s'y rapporte. Les unes fixeroient la différence qui exifte entre le meurtre commis de fang froid & le meurtre com-mis dans l'aveuglement de la paffion; le meurtre fans motif raifonnable & le meurtre légitime; le meurtre commis par trahifon ou avec une cruauté réflé-chie, & le meurtre commis par impru-dence: la fanction de la loi, en enchaî-nant la volonté du Juge, fixeroit les peines qui font relatives à ces différens cas (1). Je prie le lecteur de jeter les

---

(1) Une des efpèces d'homicide les plus funeftes à la fociété, c'eft le poifon. La difficulté de prouver ce crime peut encourager le méchant par l'efpoir de l'impunité. C'eft un de ces délits fecrets, qui, par l'efpérance qu'on a de les commettre impunément, peuvent né pas être dans une proportion abfolument exacte avec les peines, ainfi que nous l'avons dit dans le chapitre 17 de cette feconde partie, tom. 4. Pour fe con-

yeux fur le chapitre 15 de cette feconde partie (1); il y verra avec quelle facilité on peut déterminer le jugement de ce délit & de tous les autres.

La mutilation eft le fecond délit compris dans cette claffe. Il faut ici faire une diftinction: ou l'on a pour objet de mutiler quelqu'un, ou l'on a deffein de le tuer (2). Dans le premier cas, on fe

---

former au principe établi ci-deffus, le Légiflateur pourroit établir une modification conftante de peine pour l'homicide commis par le poifon, dans chacun de fes degrés de dol & de faute. Cette modification ne devroit jamais fortir des bornes de la modération. Il ne faudroit, ni faire périr le coupable dans l'eau bouillante, comme l'ordonna Henri VIII en Angleterre, ni le faire expirer dans les flammes, comme cela fe pratique chez quelques peuples. Il n'y a point de crime qui puiffe obliger la loi de devenir atroce. En Angleterre, on a modéré l'ancienne peine; mais dans un des pays de l'Italie où l'on a le plus écrit fur la Légiflation criminelle, la peine du feu fubfifte encore. Voy. le ftatut 22 d'Henri VIII, chapitre 9; & le ftatut 1 d'Edouard VI, chapitre 12, qui l'a corrigé. Voy. encore *conftit. Domin. Mediolan. lib.* 4, *tit. de pœnis in princip.*

(1) Tom. 4.

(2) On peut diftinguer aifément l'objet de l'action par les circonftances qui accompagnent le fait. Si, par

rendra coupable de mutilation; & dans le second cas, de meurtre. La qualité de ces deux délits est différente, quoique l'effet en soit le même. Le pacte qui nous oblige à ne pas enlever à un homme une partie de son existence, est moins précieux que celui qui nous oblige à ne pas le tuer. D'après les principes développés ci-dessus (1), la tentative est punissable comme le crime, toutes les fois que la volonté de le commettre se manifeste par l'action que la loi a défendue.

C'est pour avoir méconnu ces principes, que la Législation angloise a commis sur ce sujet une absurdité révoltante. Elle prononce la peine de mort contre le crime de mutilation, lorsque

---

exemple, j'attache un homme à un arbre, & que je lui coupe le nez, l'objet de mon action ne pourra être évidemment que la mutilation; mais si je tire un coup de fusil à un homme qui fuit, & qu'au lieu de le tuer je lui casse un membre, il est certain que mon objet alors est, non de le mutiler, mais de le tuer.

(1) Voyez le chapitre 14 de cette seconde partie, t. 4.

l'objet du coupable eſt de mutiler. Mais comme elle ne punit le crime que lorſqu'il eſt conſommé, toutes les fois que l'homme aſſaſſiné ne meurt pas de ſes bleſſures, la peine de mort eſt commuée en une autre peine, quelle que ſoit la mutilation qu'a produite cet attentat. Ainſi, la volonté de tuer un homme garantit un ſcélérat de la peine qu'il auroit ſubie, s'il n'eût eu d'autre deſſein que de le priver de quelqu'un de ſes membres. La fameuſe affaire du Juriſte Coke auroit dû faire ſentir au corps légiſlatif de la Nation la néceſſité de réformer cette étrange diſpoſition de ſes lois (1). Elle auroit dû lui rappeler qu'il

---

(1) Il avoit chargé quelques aſſaſſins de tuer ſon ennemi. Ceux-ci, après l'avoir accablé de coups ſur le viſage & ſur la nuque du cou, le laiſſèrent par terre, croyant l'avoir tué. Il ne mourut pas ; mais ſon viſage reſta couvert de bleſſures, & il perdit l'uſage de quelques-uns de ſes membres. Le Juriſte, traduit devant le tribunal comme coupable de mutilation, afin de ſe ſouſtraire à la peine de mort, chercha à prouver que ſon projet, ainſi que celui des aſſaſſins, étoit, non de mutiler cet homme, mais de le tuer. Il prétendit

n'y a pas de proportion entre la mutilation & la peine de mort ; que celui qui a
mutilé, avec le deſſein de tuer, dóit être
puni comme homicide ; que celui qui n'a
eu d'autre objet que de mutiler, doit
ſubir la peine deſtinée à l'eſpèce de crime
qu'il a commis, parce que la juſtice & l'intérêt public exigent également, comme
nous l'avons démontré (1), que la tentative du crime ſoit punie comme le
crime lui-même, toutes les fois que la
volonté ſe manifeſte par une action que

---

qu'étant coupable d'un meurtre projeté & non conſommé,
il ne pouvoit être ſoumis à la peine de mort. Cette
défenſe embarraſſa extrêmement les Juges ; ils furent
obligés, pour le condamner à la mort, de déclarer que
l'inſtrument dont s'étoient ſervis les aſſaſſins, indiquoit
que le projet de Coke étoit ou de mutiler ou de tuer ſon
ennemi ; mais que la mutilation qui en étoit réſultée,
faiſoit préſumer qu'il avoit eu pour objet de le mutiler.
Il fallut donc prouver qu'il étoit coupable d'un moindre
crime, pour le condamner à une peine plus forte.

Ce fait eſt rapporté par Blackſtone dans une note
du chapitre 15 du code criminel d'Angleterre. Je ne ſais
pourquoi cet illuſtre Juriſconſulte n'a pas, à ce ſujet,
démontré le vice d'une pareille loi.

(1) Chapitre 14, tom. 4.

la loi a défendue. Ce principe, adopté par les Légiſlateurs de Rome (1), fut celui de Platon, quoique ſon reſpect pour la ſuperſtition populaire l'ait obligé de le ſacrifier en apparence aux opinions reçues ſur les Démons tutélaires (2).

La ſimple mutilation (3) eſt un délit

---

(1) *Leg.* 1, §. 3, *ff. ad leg. Cornel. de ſicariis.*

(2) *De vulneribus igitur ità ſanciamus. Si quis voluerit cogitaveritque, amicum hominem ex iis, quos prohibet lex, interficere; vulneraverit autem, nec interficere potuerit; hunc, omni remotâ miſericordiâ, non aliter quam ſi vitâ privaſſet, dare cœdis ſupplicium cogeremus, niſi fortunam ejus, non omnino protervam, dæmonemque coleremus, qui tam vulneratum, quam vulnerantem miſericordia proſecutus, infelicitati utriuſque obſtitit, fecitque, ne vulnus huic lethiferum, illi fortuna calamitaſque execranda infligeretur.* (*Plat. de legib. dialog. 9.*)

(3) Il n'eſt pas néceſſaire d'établir une peine pour chaque mutilation de membre. Les ſix eſpèces de peines, fixées pour les ſix degrés de délits, ſuffiront pour avoir une proportion entre la nature de la mutilation & la peine. La Légiſlation des ſiècles barbares pouvoit offrir une plus grande préciſion, puiſque, comme nous l'avons obſervé ailleurs (chap. 12, t. 4.), le code pénal n'étoit alors que le tarif des compoſitions des différens délits. L'*additio ſapientium* au code des Friſons, tit. 2 & 3,

beaucoup plus grave que la privation de la liberté perſonnelle.

Arracher un homme à ſa patrie & à la protection des lois ; le ſéduire par des eſpérances menſongères, & le vendre enſuite comme eſclave ; l'empêcher, lorſqu'il eſt loin de ſes concitoyens, de retourner auprès d'eux ; le dévouer, malgré lui, à certaines eſpèces de travaux ; le tenir en chartre privée ; lui enlever ainſi cette liberté perſonnelle, dont aucun membre de la ſociété ne peut être privé que par l'ordre des lois & par celui qui en eſt dépoſitaire : tels ſont les différens délits compris ſous cette dénomination.

La loi d'Athènes avoit donné, en certains cas, à l'offenſé le droit de tuer l'agreſſeur (1). On peut voir dans le

---

contient une énumération de peines pour la mutilation de chaque doigt de la main, de chaque doigt du pied, de chaque membre du corps. On trouve la même préciſion dans le code des Bavarois, tit. 3 ; & dans la loi Salique, tit. 19.

(1) *Si quis alium injuſté vim inferentem continenti necaſſit, jure cœſus eſto.* (*Demoſth. in Ariſtocrat.*)

corps du Droit romain avec quelle févérité cette efpèce de délit étoit punie (1). Mais en confeillant aux Légiflateurs d'adoucir la rigueur des lois pénales fur cette matière, nous les fupplions de ne pas donner eux-mêmes l'exemple de ces attentats contre les droits des hommes. Ces ordres fecrets, qui, dans certains pays de l'Europe, privent un citoyen de fa liberté perfonnelle, fans le miniftère de la loi; ces corvées qui fubfiftent encore chez plufieurs peuples, malgré les longues & énergiques réclamations de la juftice & de l'humanité; ce commerce infernal des malheureux habitans de l'Afrique, protégé par les lois mêmes qui puniffent avec tant de févérité l'enlevement des perfonnes; ne font-ce pas là autant de crimes contre la liberté perfonnelle? Lorfque le peuple voit de tels attentats foutenus & approuvés par le Gouvernement, quel refpect peut-il

____

(1) Voyez, dans le digefte & dans le code, les différens titres, *ad leg Jul. de vi privatâ. De privat. carceribus inhibend. ad leg. Flaviam de plagiariis.*

avoir pour les lois de la nature ? pourquoi tolérer ou prescrire pour certains objets, ce que l'on défend pour d'autres ? Pourquoi offrir au peuple des exemples de violence, tandis qu'on lui ordonne de ne pas violer les droits sacrés de la liberté ? Telles font les contradictions qu'on observe chez la plupart des Nations de l'Europe.

Il existe encore parmi elles une autre contradiction également absurde ; mais elle ne dépend pas du Gouvernement : c'est l'opposition des lois civiles & des lois de l'opinion, relativement au duel, délit qui doit être compris dans cette classe.

Je ne rechercherai pas ici quelle est l'origine de ce *point d'honneur*, qui oblige un homme de venger, l'épée à la main, l'injure qu'il a reçue. Je ne m'occuperai pas vainement à démontrer l'absurde inconséquence de cette loi de l'opinion, que toute la puissance de la Religion, des lois, & des lumières n'ont pu anéantir. Je ne répéterai pas tout ce qu'ont écrit sur ce sujet les Théologiens, les Moralistes, & les Politiques : je me contenterai

d'examiner les effets de cette erreur, &
j'appliquerai à cette matière les principes
que j'ai établis, pour en déduire les difpofitions pénales qui s'y rapportent.

Dans le chapitre de cette feconde
partie, où font expofés les principes relatifs au crime en général, j'ai dit, en
parlant de la volonté, qu'il y a quelques
actions qui ne procèdent entièrement ni
de la volonté, ni de la violence, mais
qui participent de l'une & de l'autre, &
que, pour cette raifon, l'on appelle
mixtes. J'ai dit que l'homme peut fe
trouver forcé, dans certaines circonftances, de choifir entre deux ou plufieurs
maux, de manière à ne pouvoir fe fouftraire à l'un, fans fe livrer à l'autre. J'ai
établi des règles pour déterminer en quel
cas l'action contraire aux lois fera punie
dans de telles circonftances, & en quel
cas elle ne pourra l'être. J'ai dit, dans la
troifième règle, « dans le cas de deux ou
de plufieurs maux inégaux, dont le moindre porte atteinte à l'intérêt de l'homme
obligé de choifir, la préférence donnée
au plus grand n'eft puniffable qu'en une

feule circonftance; c'eft lorfque le mal perfonnel qu'on évite eft très-léger, très-fupportable, & celui qu'on choifit, très-fenfible & très-préjudiciable à tout le corps focial ou à quelque individu (1) ».

Faifons maintenant l'application de ce principe à l'objet qui nous occupe, & voyons dans quelles circonftances fe trouve l'homme que la loi de l'opinion frappe d'infamie, s'il ne lave pas dans le fang de fon ennemi l'outrage qu'il en a reçu. Recourir à la violence ou à la force individuelle pour venger une injure, c'eft fans doute violer le pacte qui nous oblige à chercher dans la force publique la ré-paration des maux qui font nés de la violence particulière. Recourir au con-traire à cette force publique lorfqu'on a été infulté, c'eft violer la loi de l'opi-nion ; c'eft fe dévouer à la peine la plus douloureufe qu'un homme d'honneur puiffe fubir ; c'eft être infame. L'opinion, dans ce cas, ordonne à l'offenfé de fe battre avec l'agreffeur : le duel eft l'unique

____

(1) Chapitre 14, tom. 4.

moyen

moyen par lequel il puisse repousser l'injure qu'il a reçue. Ces faits établis, je demande s'il peut être puni pour avoir employé ce moyen. L'offensé, obligé de choisir entre ces deux maux, est il punissable, parce qu'il a préféré le duel? En renonçant à cette réparation illégale, ne se couvrira t-il pas d'une ignominie éternelle; & l'ignominie n'est-elle pas le plus grand de tous les maux pour un homme d'honneur? La Religion & la Morale ont sans doute assez de puissance pour le mettre au-dessus des atteintes de l'opinion; mais je prie le lecteur de se rappeler ce que j'ai dit plus haut, que si les lois doivent inspirer la force d'ame, elles ne peuvent l'exiger.

D'après ces réflexions, il est aisé de sentir quelles seroient sur cet objet les dispositions d'un système de lois raisonnable. On puniroit le duel dans la personne de l'agresseur; on le laisseroit impuni dans celle de l'offensé. Mais si le duel est suivi de la mort ou de la mutilation de l'un des combattans, qu'ordonnera la loi? Elle établira une différence dans la peine; elle placera l'homicide ou la mutilation dans l'un des trois degrés de faute, lorſque le mutilateur ou l'homicide eſt l'offenſé; & dans l'un des trois degrés de dol, lorſqu'il eſt l'agreſſeur. Comme il peut y avoir un duel ſans mutilation & ſans mort, toutes les fois qu'il arrive un de ces maux, on doit ſuppoſer qu'il y a dol ou faute; dol de la part de l'agreſſeur, parce que c'eſt lui qui a occaſionné le duel; faute de la part de l'offenſé, parce qu'il pouvoit peut-être ne pas mutiler ou tuer ſon ennemi. On ne doit ſuppoſer ici que la faute, parce que l'action qui a produit l'un de ces deux maux n'a pas été entièrement libre; parce que l'offenſé a été, pour ainſi dire, forcé de recourir au duel. Par les circonſtances qui l'ont accompagné, les Juges du fait pourront prononcer ſur le degré de faute où l'on doit placer l'un & l'autre délit de l'offenſé, & ſur le degré de dol où doit être placée l'action ſemblable de l'agreſſeur. Enfin celui des deux qui aura violé les lois de l'honneur relatives au duel, ſera puni comme aſſaſſin. L'offenſé n'aura dans ce cas aucun avantage ſur l'agreſſeur, parce que ſon peu de reſpeĉt pour l'opinion prouve qu'il ne peut plus offrir à la loi le motif qui en réclamoit l'indulgence.

Telles devroient être les diſpoſitions de la Juriſprudence criminelle relativement au duel, juſqu'à ce que l'on eût corrigé l'opinion qui l'ordonne. Les moyens dont on pourroit ſe ſervir pour produire ce changement de l'opinion, n'entrant pas dans le plan de cette théorie des lois criminelles, je m'arrêterai ſur cet objet dans le livre ſuivant, relatif à l'éducation, aux mœurs, & à l'inſtruĉtion publique (1).

______

(1) En rapportant ici les différentes eſpèces de délits contre la vie & l'honneur des particuliers, je n'ai point parlé des coups de bâton. La raiſon en eſt ſimple ; ces excès annoncent, ou que le deſſein de l'agreſſeur a été de tuer, ou qu'il a voulu priver l'offenſé de l'uſage de quelque membre. Le délit ſera donc regardé, d'après les principes établis ci-deſſus, ou comme un homicide, ou comme une mutilation. Mais ſi les circonſtances de l'action indiquent que l'objet de l'agreſſeur étoit, non d'eſtropier ſon ennemi, mais de lui faire un outrage, en ce cas le délit doit être placé dans la claſſe ſuivante.

CHAPITRE XXVIII.

HUITIÉME CLASSE.

*Des délits contre la dignité du citoyen, ou
des insultes & des outrages.*

Aux règles générales par lesquelles
nous avons déterminé les circonstances
qui doivent indiquer aux Juges la gravité
du délit, nous devons en ajouter une
autre, concernant les délits auxquels
l'opinion attache une valeur accidentelle.
Tels sont ceux que je vais comprendre
dans cette classe.

Toute violence exercée sur un homme
par son semblable, tout outrage, toute
injure est un délit. Battre un homme,
l'offenser par des paroles ou par des actions, c'est commettre des attentats
qu'on a punis, chez tous les peuples &
dans tous les temps ; mais cette espèce
de délit n'excitoit pas, chez les Anciens,
la même sensation qu'il excite chez les

Modernes; elle ne produit pas aujour-
d'hui les mêmes effets chez toutes les
Nations, & dans la même Nation, sur
toutes les classes de la société. L'illustre
Athénien qui répondit froidement à
celui qui le menaçoit, *frappe, mais
écoute*, seroit un homme infame chez la
plupart des peuples modernes de l'Europe; & toutes les victoires d'Agrippa ne
suffiroient pas pour le laver de la honte
de sa modération (1).

L'opinion que les lois peuvent diriger,
mais qu'elles ne peuvent contraindre,
couvre aujourd'hui d'une ignominie ineffaçable l'offensé qui n'a pas vengé son
injure; elle lui enlève tout d'un coup
cette considération dont il avoit joui jusqu'alors. Au mal physique que reçoit
l'offensé, se joint encore le mal bien plus
terrible de l'opinion. Mais ce mal, comme
je l'ai dit, n'a pas la même intensité pour
toutes les classes de la société. Il s'accroît
à mesure que la condition de l'offensé est

____

(1) Il souffrit patiemment, au milieu d'un repas public,
que le fils de Cicéron lui jetât une coupe à la tête.

plus relevée ; il diminue à mesure que son état est moins distingué : c'est ainsi que, s'affoiblissant peu à peu, il arrive vers le peuple avec le moindre degré possible de force. La valeur du bien détermine toujours la valeur de la perte. La perte de la considération est un mal plus ou moins sensible pour l'homme offensé, suivant que cette considération est plus ou moins grande. Le pacte que l'on viole par une insulte n'étant pas également précieux pour toutes les classes de la société, la punition n'en doit donc pas être également sévère.

Cette conséquence est naturelle, elle est conforme aux principes qui doivent diriger la sanction pénale. Mais on pourroit faire ici une objection ; on pourroit dire : Tous les membres de la société ont un droit égal à la protection de la loi. Si un certain nombre d'entre eux peut nuire à tous les autres avec beaucoup moins de danger que ceux-ci ne pourroient le faire, dans ce cas, l'avantage résultant de la société ne sera pas le même pour tous : une partie de ses membres opprimera l'autre ; l'égalité de protection fera détruite. Quelle que foit la conftitution du Gouvernement, la fociété fe divifera alors en deux claffes ; en oppreffeurs & en opprimés. Au fein même de la liberté on éprouvera tous les maux du defpotifme ; on le verra, pour ainfi dire, fortir de deffous terre, & renverfer dans fa marche impétueufe tous les appuis de la fûreté publique.

Tels font les maux qu'on attribue à l'inégalité des peines. On ceffera d'en être effrayé, dès que l'on aura fenti que le principe lumineux & inconteftable dont on a tiré toutes ces conféquences, n'eft pas applicable à la queftion dont il s'agit ici.

Sans doute l'égalité de protection eft l'objet le plus important de l'ordre focial : je ne pourrois le nier fans renoncer à tous les principes que j'ai établis dans cet Ouvrage. Ce feroit raifonner contre l'expérience de tous les fiècles, que de contefter les funeftes effets de la partialité des lois. Mais qu'il me foit permis d'obferver que ces inconvéniens ne peuvent exifter, lorsque l'outrage fait à un Noble sera puni plus sévèrement que l'outrage fait à un homme du peuple. Si ces deux maux étoient semblables, la loi, qui considère du même œil tous ceux qui osent violer ses décrets, devroit punir de la même manière celui qui offense un Noble, & celui qui offense un homme du peuple. Mais si la loi de l'opinion, qui rend ces deux maux inégaux, donne à ces deux délits une valeur différente; si le Noble qui n'a pas été vengé de l'outrage qu'il a reçu, doit s'éloigner de la société de ses concitoyens, & s'exiler lui-même, afin de se soustraire au mépris général qui l'environne; & que l'homme du peuple outragé ne perde rien de l'espèce de considération dont il jouissoit auparavant; il est évident que, dans ce cas, l'inégalité de peine ne détruit pas l'égalité de protection. C'est l'inégalité de délit, non l'inégalité de condition, qui produit cette différence de peine; parce que, s'il existoit une seule peine, l'homme du peuple courroit le même danger en faisant au Noble le plus grand mal, que celui-ci en faisant à l'homme du peuple le moindre mal possible.

Après avoir répondu à l'objection que l'on pourroit faire, établissons la règle qui a été le motif de cet examen. Le Législateur devroit l'énoncer en ces termes : « Toutes les fois qu'il s'agira d'outrages infamans, la condition de l'offensé concourra avec les autres circonstances comprises dans les règles générales, pour déterminer la gravité du délit & le degré de peine qui lui est relatif. En adoptant ces idées, & les appliquant à l'objet dont il est question, on fixera trois sortes d'états; celui des Nobles, celui des simples citoyens, celui du peuple. On établira pour ces délits huit degrés de peine. Toutes les autres circonstances égales, l'outrage fait à un homme du peuple sera puni par la peine établie contre le moindre degré de faute. Si cet outrage est fait à un citoyen d'une condition moyenne, il sera puni par la peine établie contre le degré moyen de faute. S'il est fait à un Noble, par la peine établie contre le plus grand degré de faute. Les deux degrés de peine, joints aux six degrés qui ont lieu dans tous les délits, serviront à déterminer la différence de la peine, produite par la condition de l'offensé, dans tous les outrages relatifs aux deux derniers degrés de dol ».

Le lecteur, qui se rappelle ce que j'ai dit dans les chapitres 14 & 15 de ce Livre, sentira aisément l'application de cette règle. Je ne l'ai pas, ci-dessus, jointe aux autres, parce qu'elle ne peut, comme elles, exister pour tous les délits, pour tous les peuples, pour tous les Gouvernemens, & dans tous les siècles. Elle n'est relative qu'aux peuples chez lesquels la loi de l'opinion dont j'ai parlé subsiste dans toute sa force, & aux Gouvernemens qui admettent la distinction d'états que j'ai énoncée. Cette règle disparoîtra du code criminel, dès que les progrès de la raison auront anéanti l'absurde préjugé qui la rend aujourd'hui nécessaire.

Il faudroit parler maintenant de la différence de ces délits. Mais comment déterminer ici, d'une manière générale & absolue, quels sont les délits les plus graves, & quels font les délits les plus légers. Il n'y a peut-être pas deux peuples qui aient les mêmes idées fur la nature, comme fur la valeur relative de différentes fortes d'infultes. Un homme injurié dans un pays ne le fera pas dans un autre; ce qui fera chez un peuple le plus grand des outrages, fera chez un autre peuple la moindre des infultes; un propos infolent à Paris, ne fera qu'un mot indifférent à Londres, & réciproquement. Comme il n'eft pas poffible de claffer ces délits felon leur valeur relative, qui dépend de leur *qualité*, il faut laiffer à chaque Légiflateur le foin de déterminer cette opération, en fe conformant à l'opinion particulière de chaque peuple. C'eft ainfi qu'il prononcera fur les actions que l'on doit regarder comme outrageantes, & qu'il en fixera la valeur relative. Quant aux peines propres aux différens degrés de chacune de ces actions, il adoptera la règle propofée ci-deffus, fi le motif qui la fait établir exifte parmi fon peuple; & fi ce motif n'exifte pas, il fixera ces peines d'après les principes généraux que j'ai établis.

Voilà tout ce que la généralité de mon plan me permet de dire fur cette claffe de délits. Je paffe aux délits contre l'honneur des citoyens, que j'ai féparés de ceux-ci, parce qu'ils ne doivent pas être foumis à la même exception.

CHAPITRE XXIX.

NEUVIÉME CLASSE.

Des délits contre l'honneur du citoyen.

ON doit fentir, après la lecture des chapitres précédens, qu'il ne peut y avoir dans cette claffe que les délits qui bleffent la réputation du citoyen. Examinons d'abord l'imporrance & la qualité de cette efpèce d'attentats.

Dans le nombre des befoins que la fociété a ajoutés à ceux de la nature, le plus grand, le plus impérieux peut-

être eft l'eftime de ceux qui nous envi-
ronnent. L'homme folitaire a dans fon
cœur le germe de cette paffion; mais elle
ne peut fe développer que dans le commerce de fes femblable. Dès l'inftant
qu'il devient époux, père, & maître, il
commence à fentir les premières impref-
fions d'une eftime qui rend plus doux à
fon cœur les plaifirs de l'amour, de
l'obéiffance, & du refpect. Lorfque la
fociété eft établie, lorfqu'il eft devenu
citoyen, ce befoin fe développe & fe
renforce avec les caufes qui en rendent
l'objet plus précieux. Le fentiment de fon
mérite perfonnel ne fuffit plus pour exciter en lui les plaifirs qui doivent conf-
tituer fon bonheur. Agité par toutes les
affections fociales, il ne peut plus goûter
les charmes d'un fentiment tranquille &
qui ne s'élance pas au dehors. Sa propre
eftime ne peut le dédommager des facri-
fices de la vertu. Tous fes efforts auront
alors pour but de déterminer en fa faveut
l'opinion des autres hommes; & il fera
bien moins fenfible au plaifir de la mé-
riter, qu'à l'avantage de l'obtenir. L'ap-

parence de la vertu fera donc préférée à la vertu même, & l'exiftence morale de l'homme dépendra entièrement de l'opinion de fes femblables.

Tel eft le prix que les hommes attachent à ce qu'ils appellent eftime & réputation ; & telle eft la mefure du mal qu'on leur fait en leur enlevant cette propriété fociale. Les moyens par lefquels un homme peut nuire ainfi à fon femblable font en très-grand nombre ; mais il n'y en a que deux qui puiffent être foumis à la fanction des lois : ce font les libelles & les calomnies publiques. Le Gouvernement ne doit pas fans doute établir une inquifition fecrète pour défendre l'honneur des citoyens. Le remède feroit, dans ce cas, bien plus funefte que le mal. La loi doit fe contenter de punir les attentats manifeftes contre l'honneur des citoyens, & abandonner à la Morale & à la Religion les injures particulières qu'elle ne pourroit s'occuper à pourfuivre, fans détruire ou affoiblir la liberté civile.

Les libelles & les calomnies publiques

ont été punis par les lois de tous les peuples où la licence n'a pas été confondue avec la liberté. Les lois des douze Tables prononcèrent contre ce délit une peine afflictive & infamante (1). Les édits des Préteurs (2), la loi Cornélia, & les Sénatus-Confultes qui lui donnèrent plus d'étendue (3); les réponfes des Jurifconfultes (4) & les conftitutions des Empe-

---

(1) *Si. Qui. Pipul. Occentaffit. Carmen. Ve. Condifit. Quod. Infamiam. Faxit. Flagitium. Ve. Alteri. Fufte. Ferito.* Cette difpofition des lois des douze Tables nous a été tranfmife par Cicéron dans fon ouvrage *de Republicâ, lib.* 4; & par le Jurifconfulte Paul (*Receptarum fententiarum, lib.* 5, *tit.* 4, §. 6). Il faut obferver qu'*occentare pipulo*, dans l'ancien langage, c'eft la même chofe que *publicè convicium facere. Occentaffint antiqui,* dit Feftus, *dicebant quod nunc convicium fecerint dicimus.* Comme cette loi ne concerne que les attentats manifeftes contre l'honneur du citoyen, elle s'adapte parfaitement à nos principes.

(2) *Leg. item.* 15, §. 25 & 27, *ff. de injuriis.*

(3) *Leg.* 5, §. 10, *& leg.* 6, *ff. de injuriis. Paul. receptar. fententiar. lib.* 5, *tit.* 4.

(4) Voyez, dans le digefte, le titre entier *de injuriis.*

reurs (1) prouvent que la Législation romaine regardoit ce délit comme digne d'exciter toute sa vigilance.

Il y avoit à Athènes une accusation propre à cette espèce de délit (2). Le détracteur étoit appelé en jugement ; & s'il ne pouvoit prouver la vérité de ce qu'il avoit dit ou écrit contre l'honneur de quelqu'un , il étoit condamné à la peine établie par la loi (3). Afin de prévenir l'abus que les Poëtes avoient introduit au théâtre, de déshonorer les personnes qu'ils n'aimoient pas , en les désignant , sans les nommer , sous le

---

(1) Voyez les constitutions des Empereurs dans le code Théodosien , au titre *de famosis libellis* ; & la loi unique du code, au même titre. Je suis très-éloigné d'approuver la peine capitale prononcée par cette loi contre ce délit.

(2) *Accusationem lex tribuit contrà eum qui aliquod probrum alicui objecerit , quod aperte demonstrare nequeat.* (Dion Chrysostôme, *orat.* 15.)

(3) *Qui de alio detraxerit , ni probarit verum esse quod objecit , probrum, mulctator.* Voyez cette loi de Solon , dans la harangue 1 de Lysias , *in Theomnestum.*

caractère

caractère de l'un des Interlocuteurs, on proscrivit, avec l'ancienne comédie, tous ces exemples de licence; & Ménandre excita autant d'admiration dans la nouvelle, qu'Aristophane avoit inspiré d'épouvante dans l'autre.

Enfin si nous tournons nos regards vers cette Nation où la liberté d'écrire a été plus respectée que chez aucun peuple ancien & moderne, nous y verrons les libelles proscrits par les lois, & punis à proportion de la perversité qui les a dictés. En Angleterre, l'auteur d'un libelle infamant est puni, quoiqu'il ne soit pas calomnieux. La vérité de ses assertions ne le dérobe pas à la rigueur du châtiment, comme cela se pratiquoit à Athènes. Son écrit est, aux yeux de la loi, une accusation illégale, destinée à troubler la tranquillité du citoyen, puisque ce n'est pas une accusation judiciaire qui ait pour objet de priver la société du méchant qui s'occupe à lui nuire. Voilà pourquoi le libelliste est puni, lors même qu'il n'est pas calomniateur. Je préférerois cependant à cette disposition des lois angloifes, celle de la Légiflation d'Athènes. J'aimerois-mieux qu'on établît, pour peine du libelle & de la détraction calomnieufe, l'infamie & la perte perpétuelle de la liberté; que chaque citoyen pût avoir le droit d'en appeler l'auteur en jugement, pour l'obliger à démontrer la vérité de fes affertions, & qu'au défaut de preuves, il fût condamné à la peine propofée. Mais je ne crois pas qu'il fût jufte & utile de punir la fimple médifance. Le Légiflateur ne doit pas s'effrayer de cette cenfure privée: loin d'être funefte, elle fera très-utile aux mœurs publiques; elle enchaînera le vice, en épouvantant l'homme vicieux. La loi, ne pouvant établir des peines que contre les délits, ne doit pas renoncer aux moyens qu'une force étrangère peut lui fournir contre le vice qui n'eft pas foumis à fa fanction; elle doit uniquement prévenir l'abus de ces moyens, comme je l'ai dit, & punir le calomniateur. La peine que j'ai propofée devroit être établie contre ce délit au plus haut degré de dol. On l'adouciroit pour les autres degrés; & le Légiflateur verroit ainfi la fanction pénale fe proportionner d'elle-même aux différens degrés de dol ou de faute dont ce délit eft fufceptible.

CHAPITRE XXX.

DIXIÈME CLASSE.

Des délits contre la propriété du citoyen.

IL n'y a point d'efpèces de délits fur lefquels les lois des peuples anciens & modernes ayent plus varié que fur ceux qui ont pour objet les attentats à la propriété. Nous voyons les lois d'Egypte tolérer les vols faits avec adreffe (1); nous les voyons applaudis à Sparte (2).

---

(1) *Satius lator legis effe duxit (quum impoffibile effet furta prohiberi), potius alicujus portionis, quam totius rei amiffæ homines jacturam pati.* Diodore de Sicile, *rer. antiq. lib. 2 , cap. 3.*

(2) *Plutar. in vitâ Licurg.*

Athènes punit d'abord par la perte de la vie toute espèce de larcin (1); elle adoucit ensuite cette sévérité de ses lois, & conserva la peine de mort pour les cas qui sembloient le moins l'exiger. La loi de Solon condamnoit le voleur à la restitution du double, quand le propriétaire avoit recouvré la chose perdue; & au payement du décuple, lorsque l'objet n'avoit pas été restitué. On joignoit à cette peine pécuniaire une peine afflictive de peu de durée, lorsque les Héliastes l'ordonnoient (2).

Si la valeur de la chose dérobée excédoit une certaine somme, la peine étoit

____

(1) Cette loi de Dracon fut modifiée ensuite par Solon. *Vid. Plutar. in Solone, & Aulu-Gell. lib. 11, cap. 18.*

(2) *Si furtum factum sit, & quod furto perierat, receperit Dominus, duplione luito furtum qui fecit, & quorum ope consilioque fecit, decuplione vindicator; ni dominus rem furtivam receperit; in nervo quoque habetor dies ipsos quinque, totidem noctes, si Heliastæ pronunciarint. (Solonis, lex ex Aulu-Gell. lib. 10, cap. 18.)*

beaucoup plus rigoureuse (1) : le voleur étoit, dans certains cas, puni de mort (2). Le moindre vol commis dans le lycée, dans l'académie, dans les gymnases, dans les bains, sur les ports, dans le cynosarge, étoit puni par la mort (3); le vol fait avec violence n'étoit puni au contraire que par le simple payement du double au propriétaire, & le payement du double au trésor public (4).

---

(1) *Si quis interdiu furtum , cujus æstimatio sit suprà quinquaginta drachmas , faxit , ad undecimviros rapitor; si nocte furtum faxit , si eum aliquis occisit, jure cæsus esto , aut vulneravit fugientem , sine fraude esto , aut rapitor ad undecimviros ; manifestum hujusmodi furtum qui faxit , etiam si vades dederit , non noxæ factæ sarcitione , sed morte luito. (Demosth. Timocrat.*)

(2) *Manifesti saccularii morte luunto. (Xenophon.*) *Vecticularii manifesti morte luunto. (idem.*)

(3) *Si quis item è Lyceo , aut Academiâ , aut Cynosarge , vestem , aut lagunculam , aut quidquam aliud minimi pretii , aut supellectilem è gymnasiis , aut portubus surripuerit , suprà decem drachmas ; huic quoque mors pœna esto. (Demosth. ibid.*)

(4) *Qui per vim aliquid abstulerit , in duplum tene-*

La Légiflation romaine, quoique plus modérée , n'offre pas des difpofitions moins abfurdes. Nous avons encore les lois des douze Tables relatives à cet objet. Le voleur nocturne pouvoit être tué impunément (1). Le voleur de jour pouvoit l'être auffi, lorfqu'il attaquoit le propriétaire avec des armes , & que celui-ci demandoit du fecours avant de lui ôter la vie (2). Le vol *fimple* & *non manifefte* étoit puni par le payement du double (3); le vol *fimple*, mais *manifefte*,

---

tor ei , à quo per vim abftulerit. In duplum quoque ærario publico tenetor. (Demofth. Midiana.)

(1) *Sei. Nox. Furtum. Faxit. Si. Im. Aliquis. Occifit. Jure cæfus. Eftod.* (*Macrob. Saturn. lib.* 1.)

(2) *Si. Se. Telo. Defenfit. Quiritato. Endo. Que. Plorato. Poft. Deinde. Si. Cæfi. Efcint. Se. Fraude. Eftod.* Ce fragment a été confervé par le Jurifconfulte Caïus , *lib.* 7 , *ad edictum provinciale.* Il eft cité dans la loi 4 , §. 1 , *ff. ad leg. Aquil.* Cicéron en parle dans fa harangue pour Milon.

(3) *Si. Adorat. Furto. Quod. Nec. Manifeftum. Efcit. Duplione. Decidito.* Voyez *Feftus*, aux mots *nec* & *adorare*. En rapportant cette loi, il donne au mot *adorare* le même fens qu'au verbe *agere*. Rien n'eft plus

étoit puni, dans un citoyen, par la fustigation & l'esclavage ; dans un esclave, par la fustigation & la mort (1). On regardoit le vol comme *manifeste*, non seulement lorsque le voleur étoit pris sur le fait, mais lorsqu'on retrouvoit chez lui, avec les formalités prescrites, la chose dérobée (2).

---

bizarre que la distinction établie par les lois d'Athènes, comme par celles de Rome, entre le vol *manifeste* & le vol *non manifeste*. Suivant le Jurisconsulte Paul (*receptarum sententiarum, lib. 2, tit. 21, §. 2*), on appeloit voleur *manifeste*, celui qui étoit pris sur le fait ; & *non manifeste*, celui qui, sans être pris sur le fait, ne pouvoit nier d'avoir commis le délit.

(1) *Si. Luci. Furtum. Faxit. Si. Im. Aliquis. Endo. Ipso. Capsit. Verberator. Illi. Que. Cui. Furtum. Factum. Escit. Addicitor. Servus. Virgis. Cæsus. Saxo. Dejicitor.* Cette loi nous a été transmise par Aulu-Gelle, *lib. 2, cap. ult.* Ce texte confirme l'idée que nous avons donnée du vol manifeste & du vol non manifeste. Les mots *Si. Im. Aliquis. Endo. Ipso. Capsit.* désignent le voleur surpris en flagrant délit. *Si eum aliquis in ipso (id est furto) deprehenderit.*

(2) *Sei. Furtum. Lance. Licio. Que. Conceptum. Escit. Uti. Manifestum. Vindicator.* Aulu-Gelle, *lib. 11, cap. ult. & lib. 16, cap. 10.* Ce texte me rappelle les idées

Cette diſtance énorme entre la peine
du vol manifeſte & celle du vol non

---

que j'ai développées dans le chapitre 11 de ce Livre,
page 104 & ſuiv., où j'ai dit que les *actes légitimes* n'é-
toient que les ſymboles de ce qui s'étoit réellement prati-
qué parmi les hommes dans l'état de barbarie primitive,
lorſque le droit appelé *jus minorum gentium*, ou *de
violence privée*, exiſtoit encore. Cette formalité, néceſſaire pour reprendre légitimement dans la maiſon du
voleur la choſe dérobée, formalité qui eſt indiquée par
ces paroles, *lance licioque conceptum*, n'étoit autre
choſe que le ſymbole de ce qu'on faiſoit dans l'ancien
état de la ſociété, lorſque la protection des choſes & des
droits étoit confiée aux forces de chaque individu ; lorſque
l'homme volé étoit obligé de pourſuivre lui-même le
voleur pour recouvrer ſon bien, & repouſſer l'injure qu'on
lui avoit faite. Il entroit dans la maiſon de celui qu'il
avoit quelque motif de croire coupable, dépouillé de
tous ſes vêtemens, afin qu'on ne pût pas le ſoupçonner
d'avoir ſur lui ce qu'il prétendoit lui avoir été enlevé.
Une partie de ſon corps étoit couverte d'un morceau d'é-
toffe, & il portoit devant les yeux un vaſe, afin de ne pas
voir les femmes qui pouvoient ſe trouver dans la maiſon.
Lance, dit Feſtus, *& licio dicebatur apud antiquos,
quia qui furtum ibat quærere in domo alienâ, licio
cinctus intrabat, lancemque ante oculos tenebat
propter matrum familias, aut virginium præſentiam.*
Cet uſage, que le beſoin avoit introduit, devint, dans
la ſuite, un *acte légitime*, une ſolennité légale. Platon

manifeste ; cette différence entre deux délits accompagnés des mêmes circonstances, produits par la même cause, & suivis des mêmes effets, montre assez l'absurdité de cette loi : elle étoit cependant moins déraisonnable & moins cruelle que ne l'est notre Législation moderne sur le vol.

Les lois postérieures de Rome offrent, avec quelques modifications imparfaites, un nombre considérable de distinctions plus dignes d'un Casuiste que d'un Législateur. On conserva la distinction entre le vol manifeste & le vol non manifeste ; mais la différence de la peine fut réduite au payement du quadruple dans le premier cas, & du double dans le second (1).

---

rapporte un usage semblable, qui existoit chez les Grecs, dans les temps héroïques. (*Lib.* 12, *de legibus.*) Je prie le lecteur de me pardonner cette digression, à laquelle m'a conduit le souvenir des idées que j'ai exposées plus haut.

(1) *Aulu-Gell. lib.* 2, *cap. ult. & instit. lib.* 4, *tit.* 1, §. 5.

Le temps (1), le lieu (2), la manière
de commettre le vol (3), les circonstances (4), la qualité du coupable (5), la
réiteration des actes (6), la quantité, la
valeur (7), & la nature des choses dé-

---

(1) *Leg.* 1, *ff. de furib. baln.; leg.* 3, *§. ult. ff. de offic. præf. vigil.; leg.* 6, *pr. ff. ad leg. Jul. pecul.; leg.* 1, *ff. de effract. & expil.; leg.* 2, *ff. eod.*

(2) *Leg.* 1, *ff. de furib. baln.; leg.* 2, *ff. eod.; leg.* 1, *ff. de abig.; leg. ult. ff. eod.; leg.* 16, *§. locus, & §. ult. ff. de pœn.*

(3) *Leg.* 1, *§. ult. ff. de effract. & expil.; leg. ult. ff. eod.; leg. pœn. ff. ad leg. Jul. de vi publicâ; leg.* 28, *§. famosos, ff. de pœn.; leg.* 7, *ff. de exter. crimin.; leg.* 3, *ff. ad leg. Cornel. de sicar.; leg.* 13, *ff. eod.; leg.* 4, *& seq. Cod. de malef. & mathemat.*

(4) *Leg.* 1, *§.* 1, *ff. deposit.; leg. de eo* 18, *ff. eod.; leg.* 1, *ff. de incend. ruin. naufrag.; leg.* 3 *& leg.* 4, *ff. eod.; leg.* 3, *§.* 3, *ff. ad leg. Jul. de vi publicâ; leg.* 1, *§.* 1, *& ult. ff. ad leg. Jul. de vi privatá.*

(5) *Leg.* 3, *ff. de furib. baln.*

(6) *Argum. leg. eum qui* 14, *§. idem dicunt, ff. de furt.; leg. ult. §. qui sæpiùs, ff. de abig.; leg.* 8, *§.* 1, *eod ad leg. Jul. de vi publ.; leg.* 28, *§. grassatores, ff. de pœn.*

(7) *Leg.* 4, *ff. de incend. ruin. naufrag.; leg. de*

rôbées (1), firent naître une foule de dispositions & de lois, dont un grand nombre étoient privées de toute sanction; car la plupart des cas de cette espèce étoient abandonnés à la volonté du Juge (2). La loi de Justinien, qui défendoit de punir par la mutilation ou la mort le vol commis sans armes & sans violence (3), semble indiquer que le Juge pouvoit, à son gré, avant ce temps, soumettre ce délit à l'une & à l'autre de ces peines.

Quels que soient, au reste, les vices de la Législation ancienne sur cet objet, nous serons obligés de rougir, en les comparant à ceux de la Législation moderne. Tous les reproches qu'on pourroit faire à cette partie des codes criminels de

---

subtract. cod. de naufrag.; leg. aut facta, 16, §. *quantitas, ff. de pœn.; leg.* 1, §. *sed & qui porcam, ff. de abig.*

(1) *Leg.* 1, *leg.* 4, *leg.* 5, *leg.* 9, *ff. ad leg. Jul. pecul.; leg.* 1, *ff. de abig.; leg. ult. ff. de abig.*

(2) *Leg. ult. ff. de priv. dil.; leg. interdum*, 56, §. 3, *ff. de furt.; leg. ult. ff. eod.*

(3) *Novell.* 134, *cap. ult.*

l'Europe, ne fuffiroient pas pour en exprimer l'injuftice. Il femble que prefque tous
nos Légiflateurs ayent voulu balancer le
peu de sûreté que les lois civiles offrent à
la propriété, par la rigueur exceffive des
lois criminelles; il femble qu'à l'exemple
du féroce Dracon, ils ayent quelquefois
déployé tous les efforts de leur imagina-
tion pour s'écarter de la juftice & de
l'humanité.

Les lois romaines vouloient que le
vol domeftique fût puni moins févèrement que toute autre efpèce de vol (1).
Les codes de la plus grande partie des
peuples modernes prononcent contre
ce délit la peine de mort. La peine du
vol avec effraction eft la mort; la peine
du vol fait avec des armes fur un grand
chemin, eft la mort; la peine du vol
facrilège eft la mort; la peine du vol
commis dans un incendie ou dans un
naufrage, eft la mort; la peine du vol

______

(1) *Leg. perfpiciendum*, §. *furta*, *ff. de pæn.*; *leg.*
17, *leg. 36*, §. 1; *leg. 52*, *leg. 89*, *ff. de furt.*; *leg. 4*,
cod. de patriâ poteftate.

fimple, pour la troifième fois, eft la mort;
la peine de *l'abigeat* ou du vol de beftiaux
eft la mort. Dans quelques pays où les
lois de la chaffe exiftent encore, celui
qui tue ou enlève une bête fauve dans
la forêt d'autrui, eft condamné à mort.
La mort, la mort, & toujours la mort.

François, Efpagnols, Allemands,
Italiens, voilà donc les lois qui garan-
tiffent vos propriétés (1)! La douce, mais
puiffante influence des lumières & des
mœurs n'a pu donc encore anéantir ces
reftes honteux de votre antique férocité!
Ces mœurs, ces lumières font taire vos

_____

(1) Voyez , pour la France, Baron, *inftit. tit. de
furt.*; Domat, fupplément au Droit public, liv. 3, tit.
8; & le *code des Chaffes*, 2 vol. in-12. Paris, 1734.
Pour l'Efpagne, Diarius, *pr. crim. cap.* 84, *n.* 2. Pour
l'Allemagne, *Anton. Mathæ. in comment. ad lib. dig.*
47, *tit.* 1, *de furtis*; & la loi de l'Empereur Frédéric
qui prononce la peine de mort pour un vol de cinq fous.
Conftit. de pac. ten. & ej. viol. Pour l'Italie, *Conftit.
Mediol. tit. de pænis*, § *fi quis fecerit robariam.* Le
ftatut de Mantoue, *rubric. de furibus & latronibus.*
L'efprit de juftice & d'humanité de Pierre-Léopold-Jofeph
d'Autriche a fait difparoître ces atrocités du code criminel de Tofcane.

lois ; mais elles les laiſſent ſubſiſter. Le Magiſtrat eſt ſans ceſſe forcé d'oppoſer ſa pitié à l'oracle tyrannique qui veut le diriger. La vérité doit être cachée, doit être trahie dans les jugemens, parce que les lois ont violé la juſtice. L'impunité du coupable eſt ſouvent l'unique vœu du Juge, parce que la peine eſt atroce : les lois s'anéantiſſent, parce qu'on veut les ſoutenir par la barbarie. Et vous, libres citoyens de la fière Angleterre, vous qui tant de fois avez fait couler le ſang ſur les marches du trône, pour recouvrer votre liberté, vous reſpectez encore les lois de vos tyrans ; vous rendez encore un vil hommage aux reſtes de votre ſervitude ! Vous qui avez élevé le citoyen juſqu'à la ſouveraineté, vous conſervez encore la loi qui condamne à la mort ce membre de l'autorité ſouveraine, qui a tué ou dérobé un lièvre deſtiné aux plaiſirs d'un propriétaire oiſif & ennuyé (1) ! Vous qui avez appelé dans votre patrie les richeſſes de deux hémiſphères, vous

____

(1) Statut 9 de George I, chapitre 12.

n'avez pas encore fait difparoître de votre code l'ancienne loi qui prononce la peine de mort contre le vol d'une valeur de douze fous (1)! Vous qui, en profcrivant l'ancien culte, n'avez pas réformé l'abus des immunités, vous avez exclus du *bénéfice de Clergie (benefit of Clergy)*, toutes les efpèces de vols, pour vous priver encore de ce remède, abufif fans doute, mais néceffaire ici contre l'atro-cité de pareilles lois (2)! Vous qui, dans

---

(1) L'ancienne loi des Saxons puniffoit le vol fimple par la mort, lorfqu'il excédoit la valeur de douze fous ; mais le coupable pouvoit échapper à la peine par une commutation pécuniaire. Dans la neuvième année du règne d'Henri I, on abolit ce privilége de racheter fa vie : la peine de mort fubfifta, & elle fubfifte encore. Voyez le Gloffaire d'Henri Spelman, page 350. Les Jurés, pour empêcher qu'on ne conduife au gibet une perfonne coupable d'un délit fi léger, font tout ce qu'ils peuvent pour placer la valeur de la chofe volée au def-fous de douze fous ; c'eft par un parjure qu'ils arrêtent l'injuftice de la loi.

(2) Le vol d'un cheval, d'un mouton, ou de quelque autre efpèce de bétail indiquée par la loi ; le vol d'une pièce de laine ou de toile dans une manufacture ; le vol commis dans un bâtiment naufragé ou fur un fleuve navi-

les jugemens criminels, avez protégé par tant de lois la sûreté de l'homme, vous méprifez fa vie au point de la lui arracher, dans certains cas, pour un vol de cinq fous (1)! Quel motif pourroit donc juftifier tant d'horreurs? quel prétexte pourroit vous garantir des reproches de tous ces peuples que vous méprifez? Vous êtes vos propres Souverains, vos Légiflateurs; vous jouiffez du droit précieux

---

gable, lorfque la valeur de l'objet eft au deffus de quarante fchellings; le vol de lettres de change envoyées par la pofte; le vol d'un daim, d'un lièvre, d'un lapin, dans les circonftances indiquées par l'*acte noir*; le vol d'une chofe au deffus de douze fous, dans une églife, dans une maifon, dans une cabane; le vol fait avec effraction d'une chofe au deffus de cinq fous, ou fait fans effraction dans un magafin, dans une écurie, dans une boutique; le vol fait à quelqu'un & fans violence, lorfqu'il excède la valeur de douze fous; tous ces délits font exclus du *privilége du Clergé*. Voyez le ftatut 1 d'Edouard VI; le ftatut 22, chapitre 3, de Charles II; le ftatut 12, chapitre 18, d'Anne; le ftatut 9, chapitre 22, de George I; le ftatut 14, chapitre 6, & le ftatut 24, chapitre 45, de George II ; le ftatut 7, chapitre 50, de George III, &c.

(1) Voyez les cas cités dans la note précédente.

de

de former & d'abolir vos lois ; vous ne pouvez pas , comme d'autres peuples, attribuer vos maux à l'indifférence , à l'oubli de ceux qui gouvernent. C'eſt donc avec raiſon que la Philoſophie attend de vous l'exemple d'une réforme ſi néceſſaire & ſi déſirée.

Il ne faut pas, à l'exemple des Légiſla-teurs & des Interprètes du droit, confon-dre ici des actions différentes, & diſtin-guer des actions ſemblables. Je ne parlerai donc pas de ces délits, qui, quoiqu'ils ayent pour objet l'uſurpation du bien d'autrui, ont néanmoins un rapport plus direct avec les autres claſſes de délits où je les ai renfermés ; & en traitant ici du vol en lui-même, je ne me livrerai pas à cette foule de diſtinctions abſurdes & puériles, qui n'ont fait qu'anéantir toute proportion entre les délits & les peines, & ont rendu les lois mépriſables aux yeux de tous les hommes qui font uſage de leur raiſon.

D'abord je n'adopterai pas la ridicule diſtinction établie par la Légiſlation d'A-thènes & la Légiſlation de Rome, entre

Tome V.   O

le vol *manifeſte* & le vol *non manifeſte ;*
je ne diſtinguerai pas le *ſtellionat* du *vol ,*
ni les *abigées (abigæi)* des *ſimples voleurs ,*
ni le *voleur domeſtique* du *voleur ordinaire ;*
je ne dirai pas que la nuit & le jour peuvent changer la qualité du vol ; qu'il faut
diſtinguer le vol léger du vol conſidérable. Je préfère ſur cet objet les principes
de Platon, aux idées inexactes des Légiſlateurs anciens & modernes. Je crois,
comme lui, qu'il y a une grande différence entre le vol fait avec violence &
le vol ſans violence (1) ; & qu'il n'y en
a aucune entre le vol *léger* & le vol *conſidérable* (2). Je vois dans les deux premiers deux délits de *qualité* différente,
& dans les autres, deux délits de même
qualité, mais qui peuvent être différens
par la *gravité ;* & cette *gravité* doit être,
à mon avis, tellement indépendante de

---

(1) *Pecuniæ furtum illiberale quidem eſt ; rapina
verò turpiſſimum, &c.* (*Plato, de legib. dialog.* 12.)

(2) *De furto autem ſive magnum quid, ſeu parvum
quis furatus ſit, una lex, pœnaque ſimilis omnibus
ſit.* (*Plato, de legib. dialog.* 9.) Il développe ce
principe en répondant à une objection de Clinias.

la valeur numéraire du vol, qu'un vol léger pourra devenir un délit d'une *gravité* plus grande qu'un vol confidérable. Je vais développer ces idées, après avoir rappelé au lecteur les principes généraux que j'ai établis.

La *qualité* du délit, ai-je dit, dépend du pacte que l'on viole; la *gravité*, du degré de perverſité que l'on montre en le violant. La différence de la *qualité* de deux ou de pluſieurs délits ne peut donc naître que de la différence des pactes que l'on viole; & la différence de la *gravité* de deux délits de même *qualité*, ne peut naître que de la différence de perverſité avec laquelle on les commet.

Appliquons ces principes à l'objet qui nous occupe, & examinons-en les conſéquences.

1°. Le voleur pris en flagrant délit, & le voleur convaincu ſuivant les formes ordinaires, ont pu violer le même pacte, ont pu montrer une égale perverſité en le violant (1). La différence entre le vol

____

(1) Je dis qu'ils ont pu violer le même pacte &

manifeste & le vol *non manifeste* eſt donc abſurde.

2°. Par le vol *ſans violence*, on enfreint le paĉte qui nous oblige de ne pas uſurper la propriété d'autrui. Celui qui a vendu ou engagé un objet appartenant à une autre perſonne, ou déjà vendu & engagé, & qui uſurpe ainſi la propriété de l'un ou l'argent de l'autre, viole le même paĉte que celui qui enlève une jument, un bœuf, ou une chevre, ou qui vole adroitement dans la poche d'autrui. Si tous les trois, en violant ce paĉte, ont montré la même perverſité, comme cela peut aiſément arriver; dans ce cas, tous les trois ſeront coupables d'un délit, non ſeulement de même *qualité*, mais de même *gravité*. La diſtinĉtion entre le ſtellionat

---

montrer la même perverſité, puiſque, ſi le voleur pris en flagrant délit avoit commis le vol avec violence, & que l'autre l'eût commis ſans violence, alors la *qualité* du premier délit ſeroit différente de celle du ſecond, comme je l'obſerverai bientôt; mais cette différence ne vient pas de ce qu'on a été pris ſur le fait, mais de ce que l'on a violé des paĉtes différens. Ce que j'ai dit de la *qualité* doit s'appliquer encore à la *gravité*.

& le vol, entre l'*abigeat* & le simple larcin, est donc absurde.

3°. Le voleur domestique viole le même pacte que le voleur étranger. Il est vrai que l'abus de confiance dont il peut se rendre coupable rend son délit plus criminel. Mais cela ne doit produire qu'une différence dans la *gravité*, non dans la qualité du délit ; & cette différence même de *gravité* n'est qu'accidentelle, puisque l'abus de confiance n'est pas nécessairement lié au vol domestique ; puisque ce vol peut être commis par un domestique qui n'a pas plus de rapports intimes avec son maître qu'avec toute autre personne. La domesticité, loin d'être un titre de confiance & d'amitié, est d'ordinaire un motif de défiance & de haîne. L'état misérable auquel la dureté des maîtres réduit presque toujours cette classe d'individus, doit encore diminuer la gravité du délit, d'après le principe établi ci-dessus (1). Comme le vol domestique ne suppose pas, de sa nature, l'excès de la perversité,

____

(1) Chapitre 14.

c'eft aux Juges à en déterminer la gravité. La diftinction entre le vol fimple & le vol domeftique eft donc abfurde.

4°. Celui qui a volé pendant le jour & celui qui a volé pendant la nuit, lorfqu'il n'y a point eu de violence, ont enfreint le même pacte, & ont pu montrer la même perverfité. La diftinction entre le vol de jour & le vol de nuit eft donc abfurde.

5°. Si par le vol on enfreint le pacte qui nous oblige à ne pas ufurper la propriété d'autrui, il eft clair que ce pacte eft également violé par un vol léger & par un vol confidérable. La quantité du vol ne peut donc changer la *qualité* du délit; & fi celui qui prive un malheureux cultivateur du bœuf qui forme toute la fubfiftance de fa famille, peut montrer plus de perverfité que celui qui en enlève dix à un riche & oifif propriétaire, il eft clair que la quantité du vol ne peut pas déterminer conftamment la gravité du délit. La diftinction entre le vol léger & le vol confidérable eft donc abfurde.

6°. Si celui qui joint la violence au

vol enfreint plusieurs pactes , & que celui qui dérobe sans violence n'en enfreigne qu'un ; si le premier viole tout à la fois,& le pacte qui oblige à respecter la personne du citoyen, à ne pas troubler son repos par des menaces , à ne tourner les armes contre lui que dans le seul cas d'une dé-fense nécessaire , & le pacte qui oblige de respecter la propriété d'autrui ; & que le second ne viole que ce dernier pacte , il est clair que la *qualité* du premier délit sera différente de la *qualité* du second. La distinction entre le vol fait avec vio-lence & le vol sans violence est donc la seule que la justice & la raison nous per-mettent d'adopter dans ce plan.

Le Législateur ne doit donc admettre dans son code que ces deux espèces de vol. Il établira trois degrés de peine proportionnés à trois degrés de dol; car les trois degrés de faute ne peuvent exister dans cette espèce de délits. Ces trois degrés de dol , d'après les principes éta-blis ci-dessus (1) , comprendroient , rela-

______

(1) Chapitre 14.

O 4

tivement à l'un & à l'autre délit, toutes les circonſtances qui peuvent indiquer la perverſité du coupable ; & le Légiſlateur s'épargneroit ainſi cette foule de diſtinctions frivoles, d'autant plus inexactes, qu'elles ſont plus nombreuſes. Il devroit y avoir autant de différence entre les peines de ces deux délits, qu'il y en a entre les délits eux-mêmes. Pour les vols faits avec violence, on joindroit à des peines pécuniaires, des peines qui privent de la liberté perſonnelle, ou qui en ſuſpendent l'exercice. Quant aux vols commis ſans violence, cette dernière eſpèce de peine ne devroit être établie que dans les cas où l'on ne pourroit employer les peines pécuniaires. Comme l'un & l'autre délit naiſſent de l'amour de l'argent, ils doivent être ſoumis, ſelon nos principes, à la ſanction pécuniaire (1). Mais, d'après ces principes mêmes, elle ne ſuffiroit pas pour punir le vol fait avec violence, parce que celui qui viole pluſieurs pactes, doit perdre pluſieurs

____

(1) Chapitre 8.

droits (1). Elle ne pourroit avoir lieu dans la plupart des cas, puisque ceux qui se livrent à ce crime, sont d'ordinaire extrêmement misérables (2). Le Législateur devroit donc établir les trois degrés de peine pécuniaire & de peine privative ou suspensive de la liberté personnelle, pour les trois degrés de vol fait avec violence, & fixer une compensation proportionnelle dans le cas où la peine pécuniaire ne pourroit avoir lieu. Quant au vol commis sans violence, il ne faudroit établir que la peine pécuniaire pour les degrés respectifs, & une compensation proportionnelle dans le cas où cette peine ne pourroit avoir lieu sans combiner les deux peines, comme dans le premier délit. La facilité de proportionner la peine à la *qualité* & à la *gravité* du délit, dans les peines pécuniaires comme dans

____

(1) Chapitre 1.

(2) J'ai indiqué avec assez de détail, dans le chapitre 8, l'usage de cette peine. Les principes que j'établis ici ne sont qu'une conséquence de ceux que j'ai exposés dans le chapitre cité.

les peines qui privent de la liberté perſonnelle ou qui en ſuſpendent l'exercice, multiplieroit les avantages de cette eſpèce de ſanction. Il me ſuffit d'en avoir déterminé la nature; je laiſſe à chaque Légiſlateur le ſoin d'en déterminer l'eſpèce, ſuivant les cas particuliers, relatifs aux lieux & au caractère des peuples. Je ne pourrois l'indiquer ici ſans ſortir de mon ſujet, & ſans porter atteinte aux principes que j'ai établis ſur le rapport du ſyſtême pénal, avec les différens objets qui conſtituent l'état des Nations (1).

Nuire à la propriété de quelqu'un, ſans l'intention de le voler, c'eſt commettre un délit de la même eſpèce; & ce délit, moins commun que le vol, ſuppoſe quelquefois une perverſité plus grande. L'un peut être occaſionné par la misère; mais l'autre, lorſqu'il eſt joint à la mauvaiſe foi, n'eſt inſpiré que par la haîne & la vengeance. Les peines pécuniaires peuvent être établies contre l'un, parce qu'il naît de l'amour de l'argent,

____

(1) Chapitres 11 & 12.

non contre l'autre, parce qu'il n'eſt pas produit par la même paſſion. D'ailleurs l'un ne peut jamais être ſéparé de la mauvaiſe foi; & il n'y a ordinairement dans l'autre qu'une ſimple faute. Le Légiſlateur doit donc, dans ce délit comme dans tous ceux qui ſont ſuſceptibles de faute, fixer ſix degrés de peine pour trois degrés de faute & trois degrés de dol : il obtiendra par ce moyen la plus exacte proportion entre la peine & le délit, ſelon les circonſtances qui indiquent le degré de perverſité qu'a montré le coupable. Il eſt inutile d'avertir que le coupable, indépendamment de la peine, devroit être ſoumis à la réparation du dommage, puiſque cette réparation eſt commune à tous les délits qui en ſont ſuſceptibles, & pour tous les coupables qui ſont en état de l'offrir.

Dans cette analyſe des délits contre la propriété, je ne parlerai point du reculement de bornes. En effet, ſi les circonſtances du fait atteſtent que le but du coupable étoit d'uſurper une partie du fonds d'autrui, dans ce cas, le délit ſera

considéré & puni comme un vol ordinaire, d'après le principe (1) que la
tentative du crime est punissable comme
le crime consommé, toutes les fois que
la volonté du coupable se manifeste par
une action que la loi a défendue. Si, au
contraire, les circonstances n'annoncent
pas l'usurpation, le délit sera considéré
comme un simple *tort* fait à autrui, &
puni comme tel.

On doit dire à peu près la même chose
de l'insolvabilité. Si le créancier peut
prouver la mauvaise foi de son débiteur,
celui-ci sera puni comme coupable de
vol; mais si c'est le malheur qui a causé
son insolvabilité, le créancier n'exercera
contre lui qu'une action purement civile.
Comme il n'existe point de délit, il n'y
aura point de peine. Punir constamment
l'insolvabilité par la prison; confondre la
misère avec le crime; couvrir l'innocent
de toute l'infamie de la perversité; en lui
arrachant l'honneur, le forcer de renoncer à la vertu; enlever à un homme de

______

(1) Chapitre 13.

bien malheureux jusqu'à la propriété de son corps, que le destin inexorable lui a laissée ; lui faire acheter, par un supplice quelquefois éternel, le léger soulagement qu'il avoit obtenu dans son infortune ; condamner à l'inaction, aux tourmens, & aux vices qui la suivent, celui qui n'a que ses bras ou les ressources de son esprit pour faire subsister sa famille & payer son créancier ; priver la société d'un homme qui ne l'a pas offensée & qui pourroit lui être utile ; donner à un créancier impitoyable le pouvoir de retenir son débiteur dans cet état d'opprobre & de désolation aussi long-temps qu'il le voudra, & de satisfaire sa vengeance par les armes mêmes de la loi ; en un mot, offenser la justice, outrager les droits les plus précieux de l'homme & du citoyen, & multiplier les malheurs de l'indigence, sans favoriser la propriété : tels sont les abus de l'emprisonnement pour dettes établi chez toutes les Nations de l'Europe, même parmi celles qui vantent le plus leur humanité & leur liberté. En Angleterre, on conduit un homme en prison pour deux guinées; &, ce qui est encore plus étrange, dans ce pays où la liberté personnelle est protégée par les lois qui défendent avec tant de force tout emprisonnement arbitraire; dans ce pays, le créancier, sur son serment vrai ou faux, & sans être obligé de produire l'obligation de son débiteur, obtient un ordre légal pour arracher un citoyen du sein de sa famille & le traîner dans les prisons. Ainsi, la loi accorde au plus exécrable imposteur une confiance qu'elle refuse au Chef de la Nation.

Le silence des mœurs sur cette violence légale paroîtra bien extraordinaire, si l'on se rappelle que toutes les Nations, après avoir souffert, dans leur état de barbarie, une telle injustice, se font empressés de l'effacer de leurs codes dans leur état de civilisation. Lorsque l'autorité publique commençoit à peine à se former; lorsque la protection des droits particuliers appartenoit aux forces individuelles, la loi, qui ne pouvoit enchaîner la vengeance du créancier, devoit se contenter d'en prévenir les excès. Tel eſt l'effet que, dans cet état imparfait de ſociété, elle obtint de l'empriſonnement du débiteur inſolvable. Mais lorſque l'Etat civil eut fait des progrès; lorſque la force publique eut rendu inutile, pour la protection des droits particuliers, la force individuelle, on n'eut plus beſoin de ce moyen que les circonſtances paſſées avoient rendu néceſſaire, & que des circonſtances nouvelles rendoient injuſte & dangereux. Cette vérité, ignorée des Modernes, n'échappa point aux Légiſlateurs anciens. Une loi de Boccoris, Roi d'Egypte, permettoit au créancier d'entrer en poſſeſſion des biens du débiteur, pour recouvrer ſa créance; mais elle prohiboit l'exécution perſonnelle, établie par l'ancienne loi contre le débiteur (1). La célèbre loi de Solon, nommée *Sciſachtia*, avoit pour objet d'effacer ces dernières traces de l'ancienne barbarie; elle défendoit au créancier de faire obliger perſonnellement le débiteur (2). On

---

(1) Diodore, livre 1, page 90.
(2) Plutarque, Vie de Solon; & Diodore, *ibid.*

se moquoit des Légiſlateurs qui, après avoir défendu au créancier de s'emparer des armes ou de la charrue de ſon débiteur, avoient laiſſé ſubſiſter la loi qui lui permettoit de le traîner en priſon (1). Qui croiroit qu'une loi abſurde, qui excitoit le mépris des Grecs il y a vingt ſiècles, ſubſiſte encore dans preſque toute l'Europe? Rome elle-même, Rome ſi cruelle d'abord contre les débiteurs, adoucit bientôt ſa légiſlation ſur cet objet. Loin de permettre que le débiteur inſolvable fût privé de ſa liberté politique, elle ne voulut pas même le priver de ſa liberté perſonnelle. Lorſque ſa bonne foi étoit conſtatée, ſa perſonne étoit en ſûreté. Il n'étoit expoſé à perdre ſa liberté que dans deux cas : lorſqu'à la dette ſe joignoit le ſtellionat, c'eſt-à-dire, la fraude; ou lorſque le débiteur s'étoit lui-même expreſſément obligé à la contrainte perſonnelle ; & alors la ceſſion de ſes biens opéroit ſa liberté (2).

------

(1) Diodore, *ibid.*

(2) Voyez, dans le digeſte, le titre *de crimin. ſtellionat.*

C'eſt

C'eſt donc uniquement chez les Nations modernes qu'on trouvera ce reſpect
religieux pour une loi qui ne convient
qu'à des peuples naiſſans & placés dans
l'état de barbarie.

Ces réflexions rappellent une autre
erreur des Légiſlateurs modernes, qui,
peut-être, n'a pas peu contribué à per-
pétuer celle dont nous venons de parler.
On croit que l'intérêt du commerce exige
la contrainte perſonnelle pour les lettres
de change. L'idée de faire circuler dans
la ſociété un papier repréſentatif des
valeurs, a donné aux opérations du commerce une célérité qu'on n'eût pu obtenir
de la monnoie. Depuis cette heureuſe
découverte, le commerce de toute la
terre a formé un grand corps, dont tous
les membres ſont unis par une réciprocité
de profits & de pertes. La moindre obſ-
truction dans l'une des parties fait ſouffrir
tout le corps. Il faut donc, ajoute-t-on,
prévenir cet inconvénient ; & il n'y a
d'autre moyen que la contrainte perſonnelle.

Tel eſt le fondement d'une des plus

grandes erreurs de notre Législation. Pour sentir toute la foiblesse des raisons qu'on allègue pour la défendre, il suffit d'observer que le Négociant a, dans son propre intérêt, un motif bien plus puissant de payer sa dette, que ne peut l'être une contrainte personnelle. Un moment de retard affoiblit son crédit, unique appui de sa richesse; l'insolvabilité le détruit pour toujours. Quel ressort plus actif la loi pourra-t-elle donc employer? Puisqu'elle punit le banqueroutier de mauvaise foi, a-t-elle besoin de recourir à d'inutiles violences pour ruiner un Négociant honnête & malheureux? S'il est dans l'impossibilité de payer, la prison lui en donnera-t-elle les moyens? Ne l'empêchera-t-elle pas au contraire de tirer de son travail les secours qu'il pourroit en obtenir? L'impuissance de payer n'est-elle pas le plus grand des malheurs pour un Commerçant, homme de bien? Quant à celui qui manque de probité, la loi n'a-t-elle pas des peines plus légitimes & plus réprimantes? Si un moyen injuste pouvoit être utile, on n'auroit pas droit de s'en servir. L'employera-t-on lorsqu'il est manifestement inutile & funeste ? Telle est la contrainte personnelle dont je parle ici. Elle est injuste, parce qu'elle confond le crime avec le malheur, parce qu'elle prive d'un droit l'homme qui n'a violé aucun pacte. Elle est inutile, parce que le Négociant qui a les moyens de payer, a le plus grand intérêt de remplir ses engagemens ; elle est inutile, parce que le Négociant malhonnête peut être arrêté par des peines plus fortes ; elle est inutile, parce que le Négociant qui manque de ressources, n'en trouvera certainement pas dans la prison. Enfin elle est funeste, parce que, dans presque tous les cas d'un désordre momentané, le Négociant, maître de sa personne & des ressources de son esprit, peut rétablir ses affaires. Mais l'éclat d'une incarcération détruit entièrement son crédit : on lui enlève toute possibilité de payer ; il se ruine, & ruine ses créanciers. Elle est encore funeste, parce qu'elle multiplie & enhardit les usuriers, qui, à la faveur de la contrainte perfonnelle, troublent une foule de familles & renverfent leur fortune. Perfonne n'ignore en effet que les trois quarts des lettres de change ne font que des actes d'emprunts ruineux, foufcrits par des particuliers étrangers au commerce, par des jeunes gens qui ne croyent jamais acheter trop cher les moyens de corrompre & d'être corrompus.

Voilà comment une feule erreur produit des maux innombrables. Si les vérités les plus évidentes échappent aux regards des Légiflateurs, ou ne frappent pas affez leur ame pour les faire fortir de leur léthargie, quelle impreffion feront fur eux des vérités qui ne font pas fufceptibles de la même évidence? Nous allons en développer quelques-unes de cette nature dans le chapitre fuivant.

CHAPITRE XXXI.

Des actions qu'on ne doit pas punir.

APRÈS avoir parlé des actions contraires aux lois & qui doivent être soumises à la sanction pénale, il faut examiner s'il en est qui ne méritent que leur silence. Arrêtons-nous d'abord sur le suicide.

Les lois des peuples anciens & modernes, relativement à cet objet, loin de dissiper notre incertitude, ne font que l'accroître. On coupoit, à Athènes, la main du suicide, & il étoit défendu de la placer avec le corps du coupable dans le même tombeau (1). Platon proposa une peine sépulcrale, mais moins ridicule & moins générale que celle

____

(1) *Qui sibi manus intulit, ei manus, quæ id perpetravit, præciditor, nec eodem cum corpore tumulo sepelitor.* (Æschin. in Ctesiphont.)

d'Athènes (1). Valère-Maxime nous parle d'une inſtitution ſingulière qui exiſtoit dans une ancienne ville de France (2). Un breuvage empoiſonné y étoit confié à la garde de l'autorité publique : tous ceux qui avoient réſolu de mourir, venoient demander au Sénat la permiſſion d'en faire uſage. Si cette auguſte aſſemblée trouvoit les motifs de l'action juſtes & raiſonnables, elle la légitimoit par un

---

(1) *Sed quid de illo judicandum, qui proximum, atque amiciſſimum cæde perdiderit? Qui dico ſe ipſum vitâ & ſorte fatorum, vi ſcelerata privaverit : non judicio civitatis, nec triſti & inevitabili fortunæ caſu coactus, neque pudore aliquo extremo compulſus, ſed ignáviâ, & formidoloſi animi imbecillitate, injuſtè ſibi mortem conſciverit? Quæ purgationes, & quæ ſepultura huic lege conveniat, Deus ipſe novit; proximi tamen huic genere ab interpretibus legibuſque harum rerum hæc exquirant; & quemadmodum ab his ſtatutum fuerit, itâ faciant. Sepultura igitur iſtis ſolitaria fiat, ubi alius nemo condatur; deindè in locis ſepeliantur, quæ de duodecim regionis partibus ultima, deſerta, innominataque ſunt. Sic obſcuri, nec ſtatuâ, nec inſcripto nomine ſepulcra notentur. (Plato, de legib. dialog. 9.)*

(2) Marſeille.

jugement préliminaire. La crainte de perdre son bonheur ou le désir de terminer ses maux, étoient toujours, aux yeux du Sénat, des raisons assez fortes pour obtenir le breuvage empoisonné. On trouve dans le corps du Droit romain un titre du Digeste & un titre du Code, sur les biens de ceux qui se sont donné la mort. Il y a dans toutes ces lois une différence entre celui qui se tue pour se soustraire à une condamnation capitale, & celui qui se tue par tout autre motif. Dans le premier cas, les biens du suicide sont confisqués, comme si son jugement avoit été terminé & exécuté ; mais dans le second, la loi ne prononce aucune peine ; elle ne frappe pas de ses décrets impuissans les cendres & l'innocente postérité d'un malheureux qui a cherché, dans le repos de la mort, une paix que la misère & la douleur lui avoient enlevée (1).

____

(1) Voyez les lois rapportées dans les titres *de bonis eorum qui mortem sibi consciverunt.* Voici les expressions de l'une de ces lois. *Si quis, impatientiâ doloris,*

Loin de traîner fur l'échafaud le cadavre du fuicide ; loin d'arracher à fes parens la fubfiftance qu'il leur avoit laiffée,
en les couvrant d'une infamie éternelle,
la loi ne voyoit dans cette mort volontaire que la perte d'un citoyen qui s'étoit
lui-même exilé de la patrie, pour trouver
loin d'elle un bonheur qu'il avoit tant de
fois & fi vainement appelé. Contente de
l'obftacle naturel que l'amour de la vie
oppofe à cette action ; convaincue de fon
impuiffance contre un homme dont le
délit annonce qu'il méprife la mort, il
lui parut plus jufte & plus raifonnable de
laiffer le fuicide impuni, que de s'expofer
elle-même au mépris de la multitude &
à la haîne d'une foule d'innocens qu'elle
auroit dévoués à la mifère & à la honte.

Tels furent les motifs qui infpirèrent
aux Légiflateurs de Rome de l'indulgence pour un délit qui ne peut être
produit que par le défordre des facultés

---

*aut tædio vitæ, aut morbo, aut furore, aut pudore,
mori maluit, non animadvertatur in eum.* La loi 1
du code *eod. tit.* eft femblable à celle-là.

physiques & morales de l'homme. Mais les Législateurs modernes de l'Europe, malgré leur respect aveugle pour les lois romaines, n'en ont pas sur cet objet adopté les principes. En France (1), en Angleterre (2), & dans beaucoup d'autres pays de l'Europe, la loi s'élève contre le cadavre du suicide ; elle appelle en jugement un être qui a cessé de vivre ; elle établit contre lui une accusation, une procédure criminelle ; elle condamne son corps à une exécution dégoûtante ; elle confisque ses biens, & punit ainsi, non le coupable qui a violé la loi, mais l'épouse & le fils qui ont perdu l'unique appui de leur existence. Je ne prétends point faire ici l'apologie d'une action que la Religion condamne & que les lois ne doivent pas approuver ;

____

(1) Voyez Domat, supplément au Droit public, liv. 3, tit. 7, art. 19.

(2) Voyez Blackstone, code criminel d'Angleterre, chapitre 14. On est étonné de voir ce Jurisconsulte, dont les lumières égalent l'humanité, faire l'apologie d'une loi si injuste.

je ne défire point de voir revivre le fanatifme des intrépides Difciples de Zénon ;
je n'ignore pas tout ce que Plutarque (1),
Sénèque (2), Marc-Aurèle (3), Maupertuis (4), & une foule d'autres Philofophes ont dit en faveur du fuicide ;
& je fuis bien loin d'adopter leurs opinions fur ce fujet. Je crois que chaque
individu eft obligé de faire à fon femblable tout le bien qui eft en fon pouvoir,
& que nul homme n'eft dans l'impoffibi-
lité de remplir cette obligation, lorfqu'il
en a la volonté. Riche ou pauvre, puiffant ou foible, il peut toujours être le
bienfaiteur des autres hommes ; il peut
du moins avoir l'efpérance de le devenir.
S'arracher la vie, c'eft renoncer de foi-
même au bonheur de conferver & d'adoucir celle de fes femblables. Mais mon
objet n'eft pas de m'élever ici contre le

---

(1) Plutarque, Vie de Zénon.

(2) Sénèque, épitre 70.

(3) Marc-Aurèle, livre 5, §. 30.

(4) Maupertuis, Effai de philofophie morale, chapitre 5.

fuicide ; je confidère ce délit dans fes rapports, non avec la Religion & avec la morale, mais avec la politique ; & je puis certainement, fans être accufé d’approuver
le fuicide, dire que les lois qui le puniffent
font inutiles & injuftes. Si je confulte l’expérience, elle m’apprend que les fuicides
ne font nulle part plus communs que dans
les pays où la loi les punit avec le plus de
rigueur (1). Si je confulte la raifon, elle
me dit que l’homme qui ofe furmonter l’obftacle le plus puiffant, ne peut
être arrêté par le plus foible ; que celui
qui abhorre l’exiftence jufqu’au point d’en
méditer la deftruction, ne peut trouver
fur la terre aucun objet affez cher ou affez
terrible pour le rattacher à la vie ; qu’un
bon père, qu’un époux tendre n’abandonne
pas une famille dont il eft adoré ; &
que la confifcation des biens eft pour les
autres un frein impuiffant ; que l’ignominie dont on couvre un cadavre infen-
fible, n’arrêtera pas la main du fuicide
qui fait fort bien que l’opinion feule, non

____

(1) La France & l’Angleterre.

la loi , peut flétrir fa mémoire. Je confulte les principes fondamentaux de la
Légiflation , & je vois que la peine portée
contre le fuicide eft inutile & injufte ,
parce que fon impuiffance fait évanouir
le motif qui en juftifie l'ufage ; & qu'une
loi impuiffante eft une loi tyrannique, qui
fait un mal particulier , fans procurer un
bien public. Je confulte les règles im-
muables de la juftice univerfelle , & elles
m'apprennent qu'un membre d'une fociété
eft délivré de tous les devoirs contractés
avec elle , dès l'inftant qu'il a renoncé à
tous les avantages qu'il en devoit retirer.
Elle n'a pas de droit de le punir lorfqu'il
en fort volontairement, à moins qu'il ne
revienne porter la guerre dans fon fein ;
& alors c'eft un ennemi qu'elle combat ,
plutôt qu'un coupable. Dans tous les
autres cas , l'exilé , n'étant plus membre
de la fociété , ne peut plus être foumis à
fes lois. Le fuicide eft cet homme qui
s'exile ; & la mort eft l'acte par lequel il
rompt le lien qui l'uniffoit à la fociété ,
qui le faifoit participer à fes avantages
& obéir à fes ordres. Il n'eft plus ni

citoyen ni sujet; il s'est soustrait à la protection des lois & à leurs peines. L'acte d'autorité qu'on exerce sur lui dans cette circonstance, ne peut donc être regardé comme l'exercice légitime du pouvoir.

Telles sont les raisons qui m'engagent à placer le suicide dans la classe des délits qu'on ne doit pas punir. Je crois donc qu'il seroit utile d'adopter la distinction des lois romaines. Il faudroit punir le suicide qui s'est donné la mort pour échapper à une condamnation déjà prononcée, & le punir comme coupable, non comme suicide. Dans tous les cas de peine infamante ou de peine pécuniaire, il faudroit faire exécuter, sur son cadavre ou sur ses biens, la peine qu'il auroit subie s'il ne fût pas mort. J'ai dit une condamnation déjà prononcée, parce que, si elle n'existoit pas, la loi, qui ne doit pas permettre que l'on condamne un homme qui ne peut se défendre, devroit regarder l'accusé comme mort naturellement, & par conséquent anéantir l'accufation intentée contre lui. Le lecteur, qui fe rappelle mes idées fur le fyftême pénal, fentira les motifs & les avantages de cette difpofition.

Que dirons-nous de ces fameux délits d'*enchantement*, de *magie*, de *fortilège*, de *divination*, d'*interprétation des fonges*, d'*incubifme*, de *fuccubifme*, &c.; noms à jamais mémorables dans l'hiftoire des erreurs, de la fuperftition, & de l'infortune des peuples; noms qui, après avoir rempli l'Europe de fang, exiftent encore dans les codes des Nations les plus policées, & tourmentent quelquefois les hommes, malgré les progrès de la raifon & la foibleffe du fanatifme.

La Légiflation romaine, qui nous a fourni un exemple utile à l'égard du fuicide, ne nous offre pas le même efprit de modération & de fageffe relativement à cette claffe de prétendus délits.

On n'eft pas étonné de voir les lois royales, qui furent inférées dans les Tables des Décemvirs, condamner à être immolé celui qui avoit jeté un enchantement fur les blés d'autrui (1), & punir comme homicide celui qui avoit proféré contre quelqu'un des paroles magiques (2). On fait que la fuperftition accompagne toujours l'enfance des peuples ; & s'il nous falloit des preuves de cette marche conftante de l'efprit humain, nous n'aurions qu'à jeter les yeux fur les codes de nos temps modernes de barbarie (3).

On n'eft pas étonné de voir employer, fous le règne de Conftantin, le fer & le feu contre les malheureux qui avoient été

---

(1) *Qui. Fruges. Excantaffit. Sufpenfus. Cereri. Necator.* Pline, livre 28, chap. 2 ; & Sénèque, dans le livre 4 des Queftions naturelles, nous ont confervé cette loi.

(2) *Qui. Malum. Carmen. Incantaffit. Parricida. Eftod.* Pline, *ibidem.*

(3) Voyez le code des Vifigots, liv. 6, tit. 2 *de maleficis, ac confulentibus eos* ; le code des Lombards, liv. 2, tit. 38 *de Hariolis* ; les conftitutions de Sicile, liv. 3, tit. 42 *de correctione poculum amatorium porrigentium vel ementium, leg.* 3 ; les Capitulaires de Charlemagne, liv. 6, chap. 72.

féduits par ces erreurs (1) ; on connoît
la féroce dévotion de ce Prince , qui
croyoit honorer la Divinité par la perfé-
cution & le meurtre ; & on fait affez
quelles horreurs naiffent du fanatifme ,
lorfqu'il eft foutenu par la force. On n'eft
pas plus furpris de voir les mêmes effets
fe reproduire fous le règne de fes imbécilles & atroces fuccesseurs (2).

Mais fi dans les temps de Sylla (3),
de Tibère (4). & de Claude (5) ; fi

---

(1) *Leg.* 3 , *cod. de malef. & mathemat.*

(2) Voyez les deux lois de Conftans, & celles de Valentinien & Valens, inférées dans le même titre du code.

(3) Voyez les différens délits compris dans la loi
Cornelia de ficariis (*in Pauli receptar. fententiar.*
lib. 5 , *tit.* 23 , §. *magicæ artis confcios.*)

(4) Tacite dit dans fes annales, que fous le règne de
Tibère, on exila tous les Magiciens & tous les Aftrologues ; que l'un d'eux, nommé Pituanius, fut préci-
pité du haut du Capitole, & qu'un autre fut puni, fuivant
l'ancienne coutume, hors de la porte Efquiline.

(5) On trouve encore dans les annales de Tacite
une loi fanguinaire de l'Empereur Claude , contre
les Aftrologues. Cette multiplicité de lois contre
de tels délits , infpire à cet Hiftorien la réflexion

fous

fous le règne même d'Alexandre Sévère (1), c'eft-à-dire, à des époques où l'ignorance & la barbarie avoient difparu avec la liberté; lorfque l'athéifme avoit pris la place de la fuperftition; lorfque les différens cultes admis dans l'Empire romain paroiffoient également utiles & également faux au Philofophe, au Magiftrat, au Prêtre; lorfque les vêtemens du Pontife & de l'Augure couvroient un incrédule, & que les cérémonies religieufes n'étoient que l'objet & l'inftrument des réjouiffances publiques ou de la vanité nationale; fi, dans de telles circonftances, on voit le Magicien confondu avec le meurtrier, le devin avec l'empoifonneur ou le rebelle, il ne fera poffible d'expliquer de pareils phénomènes que par une réflexion bien trifte & bien humiliante; c'eft que

fuivante. *Mathematici , genus hominum potentibus infidum, fperantibus fallax, quod in civitate noftra & vetabitur femper & retinebitur.* (*Tacit. hift. lib.* 1.)

(1) Spartien parle des peines établies par ce Philofophe contre ceux qui portoient à leur cou des remèdes fuperftitieux contre la fièvre tierce ou la fièvre quarte.]

les effets de la superstition & de l'ignorance existent encore, lorsque la cause a cessé.

Les peuples modernes de l'Europe présentent le même spectacle. Des lois dictées par l'ignorance & la superstition subsistent dans des siècles de lumière & d'incrédulité. Tous les codes de l'Europe, à l'exception de celui d'Angleterre (1), renferment encore des lois pénales contre ces délits imaginaires ; & si elles ne sont pas exécutées si souvent qu'elles l'étoient autrefois, c'est à l'humanité seule des Magistrats qu'il faut attribuer cette modération. Le respect pour l'opinion publique enchaîne la loi dans les capitales & dans les grandes villes ; mais dans les provinces, dans les villages, dans le silence des hameaux, dans la demeure obscure & solitaire de l'homme des champs, elle fait naître des désordres affreux. Qui croiroit qu'au

---

(1) Le statut 9 de George 2 , chapitre 5 , a défendu aux tribunaux de la Grande-Bretagne de recevoir des accusations de sortilège.

milieu de ce siècle, & dans un pays où
la *réformation* a été adoptée (1), où il
n'existe ni inquisiteurs, ni suppôts du fa-
natisme, on ait brûlé une vieille femme
pour cause de sorcellerie? Qui croiroit
que, plus récemment encore, plusieurs
pays de l'Italie aient été témoins de pareilles exécutions? Ce seroit faire injure
à mon siècle de chercher à démontrer
que ceux qui se livrent à des actes de
sorcellerie sont des imbécilles, & que
ceux qui les punissent sont les vrais coupables; que pour guérir les hommes d'un
pareil délire, le ridicule est plus puissant
que la peine, l'instruction plus active que
les lois, & un hôpital de fous plus utile
qu'une prison. Ce seroit faire injure à
mon siècle de vouloir prouver que, pour
soustraire un Empire à la honte d'une telle
loi, il ne suffit pas d'en autoriser l'inexé-
cution, puisque les lois doivent être mo-
difiées par le Législateur, & non par le
Magistrat, par le Souverain qui les dicte,

____

(1) Dans l'Evêché de Wurtzbourg, en 1748.

& non par les Juges, dont la fonction est de les faire exécuter.

Une autre action qu'on ne doit pas punir, c'est l'usure. Le Législateur doit respecter la propriété, & par conséquent laisser au riche la plus grande liberté dans l'emploi de ses richesses. Il suffiroit, pour en prévenir l'abus, d'abolir la contrainte personnelle en cas d'insolvabilité. Alors un jeune libertin ne trouveroit personne qui voulût lui confier ces sommes que la cupidité prête si facilement aujourd'hui, excitée par l'appât d'un bénéfice considérable, & rassurée par l'espoir de la contrainte personnelle. L'avare, privé de toute sûreté pour sa créance, feroit de son argent un emploi plus honnête & moins dangereux : il ne le prêteroit qu'à celui qui pourroit lui offrir une hypothèque sur ses biens ; & celui qui a des biens à hypothéquer, n'a pas recours, d'ordinaire, à une usure énorme. La concurrence des prêteurs préviendroit le mal, & leur propre intérêt feroit cesser l'usure, sans le secours de la loi.

C'est par des motifs aussi raisonnables

que la loi devroit garder le silence sur un vice que les codes de la plupart des Nations proscrivent comme un délit & punissent inutilement. Je parle des jeux défendus. L'amour du jeu, comme toutes les autres affections de l'ame, ne devient une source de crimes, que lorsque la raison cesse de le diriger. Tant qu'il n'a produit aucun attentat aux droits des autres hommes, les lois ne peuvent le punir. Comme action, il est indifférent de sa nature ; comme passion, il ne peut être soumis à l'animadversion des lois : elles doivent prévenir le vice, & non le punir.

Si la passion du jeu porte un homme au vol, il sera puni comme voleur, non comme joueur. La loi, qui punit le rapt & l'adultère, punit-elle l'amour ? Tous les crimes naissent du désordre des passions ; mais les lois ont dû se contenter de punir les effets & de diriger les causes. L'amour de la gloire, qui a produit une foule de vertus, a produit peut-être autant de crimes. L'ignorance des vrais principes de la Législation a fait croire aux Législateurs qu'ils pourroient obtenir, par des lois pénales, des effets qui tiennent à d'autres moyens.

Ils ont voulu parvenir trop directement à leur but ; ils ne l'ont pas atteint, & ont blessé la liberté de l'homme. Contens d'avoir établi des lois pour punir le vice, ils ont négligé de le prévenir. L'inutilité du moyen a fait triompher le vice & rendu la loi méprisable. Tel est l'effet constant de la plupart des dispositions de nos codes, & sur-tout de celles qui sont relatives au jeu. L'impuissance de la loi contre ce vice s'est manifestée chez toutes les Nations, & je n'en citerai qu'un exemple. Louis XIII déclara infames, incapables de tester & d'obtenir des places de nomination royale, tous ceux qui joueroient aux jeux de hasard. L'opinion publique se souleva contre la dureté de la peine & l'abus de l'autorité. On ferma les portes des assemblées de jeu, qu'on avoit tenues ouvertes jusqu'alors, & on joua, comme auparavant (1).

___

(1) Justinien crut pouvoir prévenir cet abus, en dispensant du payement celui qui avoit perdu, & en

Je terminerai ce chapitre par une réflexion très-propre à mon fujet. Tibère,
follicité par les Sénateurs de réprimer le
luxe & de rétablir les lois fomptuaires,
leur dit, entre autres chofes : « Je ne
fais s'il ne feroit pas plus utile de fermer
les yeux fur des vices qui ont vieilli avec
nous, & qui ont acquis, par l'habitude,
une très-grande force de réfiftance, que
d'attefter, par de vains efforts pour les
corriger, notre impuiffance & notre
honte (1 ».

---

lui accordant le droit de réclamer la fomme payée : il
donna à cette action une durée de cinquante ans. *Vid. leg.*
2 & 3, *cod. de aleat.* Mais il ne vit pas qu'en oppofant
un obftacle à la paffion du jeu, il portoit atteinte à la
bonne foi & à l'honnêteté.

(1) Annales de Tacite, livre 3, §. 53.

CHAPITRE XXXII.

Suite du chapitre précédent.

JE vais parler dans ce chapitre d'une erreur de quelques Légiflations anciennes & modernes. En France, fous le règne de Louis IX, on pendit publiquement un cochon qui avoit tué un enfant. On a vu, il n'y a pas long-temps, une exécution femblable dans une capitale de l'Italie. Des Juges, avec tout l'appareil de la juftice & par le bras même de fes Miniftres, firent *affommer* (1) des chiens, dont le crime étoit d'avoir fuivi avec trop d'impétuofité leur inftinct naturel.

Cette erreur étoit encore plus commune dans les Légiflations anciennes. Une loi de Dracon condamnoit à la mort un cheval ou tout autre animal qui avoit tué ou bleffé quelqu'un (2). Paufanias

____

(1) *Mazzolare.* Genre de fupplice qui exifte en Italie. On affomme le criminel avec une maffue.

(2) Voy. Guill. Bud. comment. fur la langue grecque.

dit que cette peine s'étendoit jusqu'aux choses inanimées (1). Si une statue, un vase, une colonne tuoit ou blessoit, en tombant, un spectateur, ou un passant, on intentoit aussi-tôt un procès criminel; on condamnoit, on mettoit en pièces la statue, la colonne, le vase homicide. Les chef-d'œuvres de Phidias & de Praxitèle étoient soumis à la rigueur de la loi ; & le peuple gémit plus d'une fois de la barbare proscription des plus beaux monumens de l'art.

La loi de Dracon ne fut pas abolie par Solon. Suidas & Eusèbe disent qu'elle étoit établie chez la plupart des anciens peuples (2). Platon, Platon lui-même ne sentit pas l'absurdité de cette loi; il eut la foiblesse de prescrire un jugement & une peine contre la jument homicide, ou la chose inanimée qui avoit tué quelqu'un (3). Ainsi, les esprits les plus éclairés n'aperçoivent pas toujours les erreurs de

____

(1) *Pausanias, in Heliac.*

(2) Eusèbe, *lib. 5 , de præparat. Evangelic.*

(3) *Si jumentum, aut aliud animal hominem inter-*

leur fiècle; & les hommes les plus grof-
fiers des fiècles fuivans fourient des préjugés de leurs pères, fans réfléchir aux
opinions fouvent encore plus abfurdes
qu'ils ont adoptées.

Ma vénération pour les anciens Légiflateurs, & mon eftime pour le Philofophe illuftre que je viens de citer, ne
m'empêcheront pas d'appeler abfurde &
puérile la difpofition pénale dont je viens
de parler. Elle déshonore les lois en avi-
liffant leur fanction; elle excite le ridicule au lieu d'infpirer le refpect; elle peut,
dans une foule de circonftances, laiffer

---

*ficiat, nifi publico in certamine id fecerit, interfecti
homines propinqui id judicibus deferant. Et agrorum
curatores illi, quibus quotque propinquus ipfe man-
davit, judicent, & damnatum jumentum extrà regionis fines interficiant. Quod fi quid inanime præter
fulmen, aut aliud telum divinitus miffum, animo
hominem cadentem ipfum, aut ipfum cædens privaverit : genere propinquus interfecto proximum in
vicinia ad hoc conftituat judicem, atque hæc &
cætera, prout ergà mortuum ipfum convenit, pro fui
ipfius, & cognationis totius expiatione perficiat.
Quod vero damnatum fuerit, ut de animalibus dic-
tum eft, exterminetur. (**Plato**, de legib. dial. 9.)*

le coupable impuni, en puniſſant l'inſtrument de ſon crime. Je n'inſiſterai pas ſur
cet objet, parce que c'eſt, en quelque
ſorte, profaner la raiſon, que de réfuter
ſérieuſement de pareilles abſurdités.

CHAPITRE XXXIII.

De l'impunité.

« Qu'aucun délit ne reſte impuni
dans la République ; que le fugitif lui-
même ſoit ſoumis à la ſanction légale ;
que la mort, les fers, le fouet, l'infamie,
la rélégation, les amendes ſoient les ſuites
inévitables de la violation des lois (1) ;
que le méchant déſeſpère d'échapper à
leur ſévérité, & que l'homme de bien

(1) *Peccatum nullum impunitum ſit , neque pro-*
fugus ullus aut impunis abeat ; ſed aut morte
plectatur, aut vinculis, aut verberibus, aut ignobi-
liter ſedendo, ſtandoque in ſacris , ad extremitates
regionis productus , aut pecuniis , ea qua diximus
ratione, pœnas luat. (*Plato , de legib. dial. 9.*)

ſoit aſſuré d'être protégé par elles (1) ;
qu'on regarde l'impunité comme l'ali-
ment du crime (2) ; l'indulgence pour le
coupable, comme un piège dreſſé contre
la probité & la ſûreté civile (3) ; l'abus
des graces, comme un véritable attentat
aux droits d'autrui (4) ; & le retour des
exilés, la liberté des priſonniers coupables, le pardon des hommes condamnés,
comme des ſignes certains de la déca-
dence de la République (5) ». Voilà ce

---

(1) *Plato, ibid.*

(2) *Impunitate nihil periculoſius eſt, qua ſemper
ad deteriora prolabitur. (Ex libris Apoph. Collect. à
Bartholomeo Magio.)*

(3) *Impunitæ injuriæ exemplum omnibus injuriam
minatur. Etenim ſi liceat impunè lædere, quis tutus
erit ab improborum violentiâ ? (idem. ibid.)*

(4) *Benefacta male locata, malefacta arbitror.
(Cicer. de offic. lib. 1.)*

(5) *Perditas civitates, deſperatis omnibus rebus,
hos ſolere exitus exitiales habere, ut damnati in in-
tegrum reſtituantur, vincti ſolvantur, exules redu-
cantur, res judicatæ reſcindantur. Quæ cum acci-
dunt, nemo eſt, quin intelligat ruere illam rempublicam. (Cicer. 7. in Verr.)*

que Platon, Cicéron, & tous les anciens
Philofophes ont dit de l'impunité. Des
Ecrivains modernes ont employé toute
leur raifon & toute leur éloquence pour
donner à cette vérité un nouveau développement.

Montefquieu, qui a eu quelquefois
des idées fauffes, parce qu'il cherchoit
des idées ingénieufes, & qu'il vouloit
tout expliquer par fes principes; Montefquieu, en juftifiant la clémence du
Prince, a favorifé le defpotifme fans
s'en apercevoir, & a dévoilé l'inexactitude
de fes principes, par la manière dont il
en a fait ufage. Selon lui, la loi doit
condamner, & le Prince doit pardonner. « La clémence du Prince, dit-il,
eft néceffaire dans les Monarchies où l'on
eft gouverné par l'honneur, qui fouvent
exige ce que la loi défend (1) ».

Si la loi doit condamner & le Prince
pardonner, les lois, au lieu d'arrêter les
actes de violence particulière, feront,
entre les mains d'un tyran, des moyens

---

(1) Efprit des lcis, livre 6, chapitre 21.

toujours sûrs pour opprimer les membres
de la fociété qui n'ont pas fu obtenir
fa faveur. Elles feront un objet de ridicule & de mépris pour l'efclave auda-
cieux qui peut les violer avec impunité,
fous les aufpices d'un Courtifan ou d'une
femme en crédit. Le principal intérêt du
citoyen fera donc, non d'obéir aux lois,
mais de plaire au Monarque. Le Juge
qui a vendu la juftice, le Magiftrat qui s'eft
rendu coupable de concuffion & d'extorfion, le Général qui a facrifié à fon intérêt
la sûreté & la gloire de fa patrie, le Miniftre qui s'eft fervi de fon pouvoir pour
enrichir fa famille & opprimer fes rivaux,
n'auront befoin, pour échapper à la punition de leurs crimes, que de livrer une
partie de leurs richeffes à la maîtreffe ou
à l'ami du Prince. La févérité de la loi
ne frappera que le malheureux qui n'a pu
s'élever au-deffus d'elle par la multiplicité de fes crimes. Enfin fi « la clémence
du Prince eft néceffaire dans la Monarchie, où les hommes font gouvernés par
l'honneur qui fouvent exige ce que la loi
défend », il faut dire, ou que le principe

qui fait agir le citoyen dans la Monarchie, eſt néceſſairement oppoſé aux lois qui doivent le diriger, ce qui ſeroit abſurde, ou que le principe qui anime ce citoyen, eſt autre choſe que *l'honneur*. Lorſque certaines lois civiles ſont contraires à quelques lois de l'opinion, le Légiſlateur fera taire les premières, juſqu'à ce qu'il ait corrigé les ſecondes. Dans la Monarchie, comme dans la République, il ne pardonnera pas à celui qui a violé les unes, afin de ne pas déſobéir aux autres ; mais il fera diſparoître la contradiction même. Tel devroit être le principal objet de ſes ſoins. Mais cette opération ſeroit, dans le ſyſtême de Monteſquieu, funeſte pour la Monarchie, parce qu'on ne pourroit corriger les lois de l'honneur, qui ſont les plus contraires à l'ordre ſocial, ſans affoiblir ou détruire le principe même qui, ſelon lui, anime ce Gouvernement.

Les idées de l'Auteur de l'Eſprit des Lois ne renferment donc pas une exception raiſonnable, en faveur de l'impunité, dans les Monarchies. Dans ce Gouvernement, comme dans tous les autres, les lois doivent être douces & modérées; le Souverain doit être inexorable. Quand le droit de faire grace aux coupables ne seroit pas abusif de sa nature, l'exercice de ce droit seroit presque toujours une injustice envers la société. Le soin de conserver & de défendre la sûreté publique & la tranquillité particulière doit être le premier devoir de la souveraineté. La clémence, qui est contraire à ce devoir, est une foiblesse, un abus manifeste. La vertu à laquelle on donne ce nom sert à corriger les lois injustes & féroces, & non à éluder la sanction des lois justes. Toute grace accordée à un coupable est une dérogation à la loi. Si la grace est juste, la loi est mauvaise; si elle est bonne, la grace est une violation de la loi. Dans le premier cas, il faut abolir la loi; dans le second, refuser la grace. Cette règle n'est susceptible d'exception que dans deux cas; 1°. lorsque le coupable est distingué par des talens & des vertus qui ont été utiles à la patrie ou qui peuvent l'être; lorsque son délit annonce

plutôt

plutôt l'impétuofité de la paffion que la perverfité du cœur; lorfque les Magiftrats qui l'ont jugé, & le peuple qui a été l'objet ou le témoin de fes vertus, follicitent fa grace & la fufpenfion momentanée de la loi; en un mot, lorfque l'impunité, loin de l'enhardir au crime, doit l'encourager à être bon & honnête. 2°. Lorfqu'un grand nombre de citoyens eft entraîné par un homme fougueux & inquiet; lorfqu'une ville ou un village fe rend complice d'un crime; en un mot, toutes les fois que la peine portée par la loi laifferoit un vide funefte dans la population, dans l'agriculture, ou dans l'induftrie; alors l'intérêt général de l'Etat exige le filence d'une loi particulière qui condamne chaque complice à être puni; alors la main paternelle du Chef de la patrie peut foufcrire le décret de pardon & de paix; alors le glaive de la juftice ne doit immoler à la tranquillité publique que le chef de la rebellion & fes principaux fatellites. Dans tous les autres cas, je ne vois pas qu'une Légiflation criminelle, formée d'après les vrais principes de la juſtice, ait beſoin d'admettre des moyens d'impunité.

Les temples de la Divinité, les palais des Rois & des Princes ne devroient pas ſervir d'aſile au citoyen qui a violé les lois; il faudroit que les Miniſtres de la juſtice euſſent le droit d'aller ſaiſir les criminels juſques dans ces retraites auguſtes. L'image de la Divinité & la majeſté du trône, loin d'être aviliés par ces exécutions, ſeroient honorées par le triomphe de la loi (1).

____

(1) J'ai indiqué dans le chapitre 11, tom. 4, l'origine des aſiles. J'ai dit qu'à l'époque où l'indépendance naturelle exiſtoit entre les individus des ſociétés barbares, l'établiſſement des aſiles fut le premier moyen qu'on imagina pour arrêter la vengeance de l'offenſé & lui donner le temps de calmer ſa colère. Le défaut de lois & de force publique, l'imperfection de cet état de ſociété rendoit ce remède néceſſaire. Ce que diſent Diodore de Sicile (livre 3), ſur l'aſile de Samothrace; Pauſauias (*in Atticis & Achaicis*), ſur Philon qui ſe réfugia dans le temple de Minerve; Juſtin (*hiſt. lib.* 28, *cap.* 3), ſur Laodamie qui ſe réfugia dans le temple de Diane; tous les Tragiques grecs, & entre autres, Euripide dans l'Andromaque, vers. 256, & dans l'Hercule furieux, vers. 240, atteſte la vérité d'une idée que j'ai

Le pardon de la partie offenſée ne
devroit procurer dans aucun cas l'impunité du coupable ou la diminution de la
peine. Le droit de punir n'appartient qu'au
Souverain qui fait la loi, & au Magiſtrat
qui l'applique aux cas particuliers. L'objet
de la loi, comme je l'ai dit, eſt, non la
vengeance, mais la correction & l'exemple. L'offenſé peut renoncer à la réparation du dommage ; il ne peut priver la
ſociété d'un exemple, & le Prince d'un
droit dont l'exercice lui a été confié.

On doit encore moins admettre comme
un motif raiſonnable d'impunité le pardon
que l'on a coutume de promettre à un
coupable, pour l'engager à découvrir ſes
complices. Quand même la ſainteté des
lois ne rejetteroit pas un moyen fondé ſur

---

appuyée ſur les faits les plus inconteſtables de l'hiſtoire
des temps héroïques. Je ne la rappelle ici que pour
faire voir au lecteur que les reſtes du premier état de
barbarie ſe conſervent dans les ſociétés les plus policées,
quoiqu'il ſoit très-aiſé de ſentir que la différence des
circonſtances rend inutiles & même dangereux dans certains temps, des établiſſemens très - utiles à d'autres
époques.

R 2

la plus lâche trahison; quand même la loi n'attesteroit pas sa foiblesse & son impuissance, en implorant le secours d'un coupable; quand même l'expérience n'apprendroit pas que dans ces circonstances le plus pervers est celui qui d'ordinaire échappe à la sévérité des peines, la raison suffiroit pour montrer au Législateur qu'un tel remède doit produire un effet absolument contraire à celui qu'on en attend.

La certitude ou l'espérance de l'impunité accordée à la délation du complice, ne fait qu'enhardir le méchant à l'espèce de crime qui exige le concours d'autres hommes. Avant de les inviter à s'unir à lui, il a déjà formé le projet atroce de les immoler à sa sûreté, lorsqu'il verra son crime près d'être découvert. Chacun d'eux, en entrant dans l'association, concevra le même dessein. L'espoir de l'impunité entrera dans toutes ces ames perfides, & les rendra plus audacieuses. Ainsi, la terreur de la peine sera affoiblie par la certitude commune de l'impunité; le crime sera encouragé par le moyen même dont la loi se sert pour le punir; & le Législateur, trompé dans son attente, verra avec effroi les funestes effets d'un remède qu'il auroit dû proscrire comme contraire à la dignité de la loi, quand même il eût pu être utile dans quelques circonstances.

CHAPITRE XXXIV.

CONCLUSION.

JE viens de montrer les funestes effets de l'indulgence & de la cruauté, de la rigueur excessive des peines & de l'impunité. J'ai rejeté du code pénal tout ce qui est étranger à son objet, tout ce que l'intérêt, l'ignorance, & la superstition y ont introduit. J'ai partagé en différentes classes toutes les espèces de délits; je les ai distingués par leur *qualité* & par leur *gravité*, par les différens pactes qu'on viole, & par le degré de perversité qu'on montre en les violant. J'ai réduit à une règle générale toutes les circonstances qui, dans chaque délit, peuvent indiquer ce degré de perversité. J'ai observé, classé, & calculé tous les moyens de punir, & j'ai développé les principes généraux qui doivent en diriger l'usage. J'ai examiné ces peines dans leurs rapports avec les différens degrés d'enfance & de maturité des peuples, le Gouvernement, la Religion, le caractère, les mœurs, le climat, la situation, les richesses, les productions, le territoire; en un mot, avec tout ce qui constitue l'état politique, physique, & moral des Nations. J'ai indiqué les bornes dans lesquelles on doit les circonscrire. J'ai cherché dans la raison, dans la justice, dans l'intérêt public, & dans l'objet même des peines, les motifs qui doivent déterminer le Législateur à une modération constante. J'ai montré comment elles peuvent se multiplier & se mettre en équilibre avec les délits, lorsqu'elles sont employées par un Législateur sensible & philosophe, & comment leur nombre doit diminuer lorsqu'elles sont employées par un insensé ou par un tyran. J'ai combiné

le fyftême du code pénal avec celui de
la procédure ; j'ai fait voir qu'il étoit
facile d'enchaîner la volonté des Juges
dans toutes les chofes qui ont-rapport à
l'objet de la peine ; en un mot, j'ai
prouvé, dans ces deux parties des lois
criminelles, qu'il étoit poffible de fouftraire l'innocent à l'effroi, le coupable à
l'efpérance de l'impunité, & de mettre
les Juges dans l'impuiffance de fe trom-
per & de prononcer des condamnations
arbitraires. Je crois donc avoir rempli,
dans toute fon étendue, le plan que je
m'étois propofé. Me reprochera-t-on de
n'avoir pas dit un feul mot fur la manière
de prévenir les crimes ? Ma réponfe eft
fimple. Si mon objet eût été de traiter
uniquement de la Science des Lois criminelles, je n'aurois pas fans doute négligé un objet fi important ; mais j'écris
fur la Science de la Légiflation, & j'ai,
par conféquent, expofé mes idées fur ce
fujet dans tout le cours de ce Livre ?

L'unique moyen de prévenir les crimes
eft de perfectionner la Légiflation : toutes
fes parties viennent fe réunir à ce point.

R 4

Quel que foit leur but particulier, elles fe combinent toutes pour produire cet effet.

Si les lois politiques & économiques ont pour objet de multiplier les hommes, d'accroître les richeffes dans l'Etat, & de les bien diftribuer ; fi, en conféquence, elles fubdivifent les propriétés, multiplient les propriétaires, diminuent le nombre des célibataires forcés, détruifent les obftacles qui arrêtent les progrès de l'agriculture, des arts, du commerce ; fi elles corrigent & perfectionnent le fyftême des impóts, en proportionnant les contributions avec les befoins de l'Etat & la richeffe publique ; fi elles protègent le Laboureur, l'Artifte, le Négociant contre les vexations d'une perception injufte, tyrannique, & difpendieufe ; fi elles fuppriment ou affoibliffent les caufes qui concentrent les richeffes dans une claffe d'individus, & les entraînent dans les capitales ; fi tels font les objets & les moyens des lois politiques & économiques (1), elles

---

(1) Voyez le développement de toutes ces idées dans le fecond volume de cet Ouvrage.

feront diminuer fans doute le nombre des délits qui naiffent du célibat forcé ; de l'averfion pour le mariage ; de l'inégalité des fortunes; du goût de l'oifiveté, prefque toujours déterminé par la certitude de ne pouvoir vivre dans l'aifance, même à force de fatigues & d'inquiétudes ; de la néceffité de violer les lois, lorfqu'elles ne s'occupent ni de notre sûreté, ni de nos befoins ; de la difcorde, des violences, & des vices que produifent & fomentent, d'un côté, l'excès de l'opulence, de l'autre, l'excès de la misère.

Les lois criminelles, deftinées à punir les crimes, n'ont-elles pas pour objet de les prévenir? Si la certitude d'être puni étoit liée conftamment à la volonté de commettre le crime, combien de fois les lois triompheroient de l'impétuofité des paffions! La feule crainte de l'infamie fuffiroit pour prévenir la plupart des crimes qui font fufceptibles de cette efpèce de peine. Le plan de procédure que j'ai propofé arrêteroit une foule d'abus dont fe rendent coupables les Juges, les Miniftres de la juftice, toutes les

claffes de l'Etat. Si le pouvoir, la no-
bleffe, les richeffes n'étoient pas fi fouvent
un titre d'impunité; fi l'impartialité des
lois étoit jointe à l'impartialité des jugemens, les vexations, les actes de vengeance perfonnelle feroient plus rares;
l'homme puiffant refpecteroit l'homme
foible; & celui-ci, au lieu d'armer fa main
d'un poignard contre l'oppreffion, iroit
réclamer le fecours de la juftice.

Si les lois relatives à l'éducation, aux
mœurs, à l'inftruction publique, ont
pour objet d'éclairer les hommes & de
les rendre meilleurs; de les conduire à
la vertu par leurs paffions même; d'unir à
la crainte des peines l'efpoir des récom-
penfes; de fubftituer la vérité à l'erreur;
de détruire l'ignorance, qui, faifant mé-
connoître à l'homme fes vrais intérêts,
l'entraîne vers les vices d'où naiffent les
crimes, l'invite à des actions qui troublent fon repos & fon bonheur, le met
dans l'impuiffance d'acquérir cette élé-
vation de caractère qui fait fentir le
charme de la vertu, de fa propre eftime,
& de l'eftime publique, lui fait chercher

les fuffrages de l'opinion dans des chofes contraires à l'intérêt général, lui fait confondre toutes les idées du bien & du mal, & lui enlève ainfi jufqu'aux remords; fi tel eft l'objet de ces lois (1), ne verra-t-on pas diminuer le nombre des crimes?

Si les lois relatives à la Religion font deftinées à épurer les paffions des hommes, & à les diriger vers le bien lorfqu'ils font loin des yeux de la loi & de fes Miniftres ; fi elles ont pour objet d'arrêter également & l'irréligion & le fanatifme ; fi les moyens dont elles fe fervent pour parvenir à ce but préviennent une foule d'autres maux, dont l'affemblage conftitue la dépravation publique, comme on le verra dans le cours de cet Ouvrage (2), cette partie de la Légiflation n'oppofera t-elle pas au crime les plus grands obftacles?

----

(1) Voyez dans le plan général, tome 1, l'analyfe du quatrième livre.

(2) Dans le cinquième livre de cet Ouvrage. Voyez-en l'analyfe dans le plan général.

Si les lois civiles font deftinées à défendre la propriété de chaque citoyen
contre l'avidité & la mauvaife foi (1);
lorfque cette partie de la Légiflation fera
perfectionnée, les ufurpations des hommes puiffans, les prévarications des Juges,
les malverfations des Miniftres fubalternes de la juftice feront-elles auffi fré-
quentes ?

Enfin fi l'objet des lois relatives à la
puiffance paternelle & à l'ordre des familles, eft d'élever un tribunal au milieu
des foyers domeftiques ; de donner à la
famille un Magiftrat & des lois ; de ne
pas laiffer impunis les délits que l'amour
& l'honneur obligent de cacher, mais
que la main paternelle peut réprimer
dans le filence ; d'accoutumer de bonne
heure les hommes à une dépendance
fimple & douce, qui, modérée par
l'amour & fortifiée par la vigilance,
puiffe étouffer les vices à leur naiffance ;
en un mot, fi ces lois font conformes au

----

(1) *Ibid.* Analyfe du livre 6.

plan que je proposerai dans la suite, la paix des familles sera-t-elle troublée par tant de désordres?

C'est ainsi que toutes les parties de la Législation pourroient contribuer à prévenir les crimes; c'est ainsi que les lois, qui semblent avoir le moins de rapport entre elles, pourroient, par leur combinaison, produire le même effet.

Fin du Tome cinquième.

TABLE

DES CHAPITRES

Contenus dans ce volume.

LIVRE TROISIEME.

Continuation de la 2ᵉ. partie. Des délits & des peines.

Fin de la Table.

ERRATA.

Tome quatrième.

PAGE 8 , ligne 2 , avec ; *liſez* par.

Page 49 , lig. 23 , célèbre ce ; *liſez* ce célèbre.

Page 89 , lig. 11 , nouvelle , *liſez* autre.

Page 96 , lig. 4 , *ſupprimez* de.

Page 126 , lig. 4 , leurs ; *liſez* ſes.

Page 223 , lig. 20 , ou non ; *liſez* ou ne ſoit pas.

Tome cinquième.

Page 15 , ligne 12 , ſujet ; *liſez* né ſujet.

Page 39 , lig. 15 , contre les ; *liſez* aux.

Page 106 , lig. 19 , le ; *liſez* un.